語文變聲 show

快樂聽相聲，輕鬆學語文

台北曲藝團◎策畫　　曲曲◎繪圖

葉怡均＆台北市萬興國小 ART 創意教學團隊◎著

財團法人漢光教育基金會◎贊助

U0072566

依於文，游於藝

◎**林于弘**（國立台北教育大學語文與創作學系教授兼系主任）

　　語文教育的主要目的，在培養學生正確理解和靈活應用語言文字，並具備聽、說、讀、寫、作等基本能力。但是近年來由於資訊傳播的發達，以及視訊媒體的氾濫，導致學童語文能力急遽下降，不僅寫作辭不達意，表達也常常錯誤百出。然而由於課程之間的排擠效應，語文學習很難仰賴課程時數的增加，因此如何透過課外補充教材的延伸擴展，實為當務之急。

　　語文學習是以工具性的訴求為起點，以藝術性的發展為導向，以文化性的涵養為內容。不論是從升學就業考量，或是從修身養性設想，語文都有其不可或缺的必要與價值。只是如何運用有效的策略，以提升學習興趣且增進學習效率，確實是我們必須關注的重點。

　　《語文變聲 show ──快樂聽相聲，輕鬆學語文》是由當代說唱名角葉怡均老師以及台北市萬興國小 ART 創意教學團隊，所協力完成的一本「寓教於樂」的實用著作。全書透過八個學習單元設計，讓學生從「聽相聲」為起點，配合內容解說，提列相關語文學習目標，揭示評量項目及活動，最後以「學習單」總結成果，

再搭配「教學資源庫」的補充，可謂首尾貫串、前後照應，兼有實用趣味及精進成就的雙重效益。

　　是以語文的學習固然有其枯燥單調的一面，但是經由藝術成分的加工，也能成就非凡的意義。透過這樣的創意學習，可以激發學生學習興趣，提升文學欣賞素養，並增進學習的廣度和深度，培養學生自學的意願和能力。

　　《語文變聲 show ── 快樂聽相聲，輕鬆學語文》不僅是引領國小學生學習語文的一盞明燈，而且對所有的大朋友來說，這本書的內容也能帶來不少趣味，體驗不同的語文之美。想要享受學習語文的快樂，其實一點都不難，讀一讀、聽一聽、想一想、寫一寫，語文藝術的奇妙天地，也就將要繽紛呈現在你的眼前。

為說唱扎更深的根
期待結更專業的果

◎洪瑾瑜（台北市萬興國小校長）

我們（萬興）的老師要出書了！

雖然這不是第一回，恰巧今年度（96）台北市政府教育局提出「教師專業年」，在社會各界都強調自己專業的同時，本校語文教師團隊能在這一方面開出有關說唱藝術方面的語文教學成果，也真是恭逢其盛。

自民國九十年推動九年一貫課程迄今，大家對學生的國語文能力偏低有很多的擔心，語文領域的分鐘數因英語課程與母語教學的加入，使得國語文領域授課時數偏低也是不爭的事實。但是擔心歸擔心，有一句話說：「坐而言，不如起而行。」所以，本校老師以實際行動組成教師團隊，一起推動語文教學，實際讓學生喜歡中國的國粹──說唱藝術，反而更有用。

在推動近兩年的時間中，感謝台北曲藝團專業團隊老師們專業又慷慨的指導，讓我們老師體會中國語文變成說唱之後的韻味、文辭運用與表達的美感，這一段歷程，看到老師們愈學愈有心得，愈教愈顯得專業，所以發憤圖強將大家的教學所得，再一

次的匯聚成冊出版，更是難得！真的猶如「凡流淚灑種，必歡呼收割」一樣讓人欣喜呢！

　　所謂「投入才會深入。」並且「付出才會傑出。」果然，我們的老師投入不少的時間，一起切磋、一起討論，所以如今一個個談起說唱藝術如數家珍，可見大家對說唱藝術了解很深入。當然付出很多精神在創作與研究，加上葉怡均老師不離不棄的蒞校指導，可以集結大家的智慧共同出一本書，讓後面想要參與推動的老師減少一些摸索的時間，這更是一個傑出的表現，也值得推崇。

　　我們的大家長──教育局吳清基局長一直以「精緻卓越的教育奠基於專業的教師，教師的專業來自不斷的省思與成長。」來勉勵教育界同仁，如今看到本校 ART 創意教學團隊小有成就，我個人樂為之序。

生活中的傳承
喜見文化著根

◎**唐先柏**（漢光教育基金會）

　　怡均在去年提出想要出版有關小朋友相聲的書籍，起初並不以為意，只抱持著樂觀其成的態度。然今年怡均將手稿交給我們看是否能寫序時，才發現這本書有著看似輕鬆的外表，實際背負著文化傳承的機會。

　　回想過去幾年，漢光教育基金會選擇雅俗共賞的說唱藝術作為推動中國文化的起點，就是希望在相對比較多人欣賞的文化形式著手，較易擴大欣賞中國文化的族群。但這幾年的觀察卻發現推動上仍有瓶頸，且往往發生在藝術與生活的脫節。表演與觀眾的共鳴只發生在劇場中，而不見當代生活中的幽默與生活哲學的體悟。於是基金會從校園巡迴表演說唱藝術的贊助，到推動說唱藝術教學實務的開發，同時不斷希望接觸中國文化的年齡層下降，且增加說唱內涵與時代的結合，著重在創新思維與文化新生，更重要的是希望藝術本身應與生活結合，由生活出發，反映在生活中。

　　漢光教育基金會與台北曲藝團的合作，就在這思維下發展。

怡均所給的手稿中，就清楚的看到這樣的脈絡，不再單重傳統形式，更與學校師長共同思考內容的轉變，從生活中淬練的痕跡已可循。再透過實際地與小朋友互動，由教學的行動與反思中，也可見到落實在當代流行文化的具體作為。雖然每本書在出版後總有美中不足之處，但小瑕不掩瑜，仍有其可觀，可供推動文化工作或參與實際教學者運用之處，當然更適合對說唱藝術有興趣的大小朋友研讀，並在其中思考與自我生活的關聯，創作自己的說唱藝術。

相聲的新使命

◎**葉怡均**（台北曲藝團文教部執行長）

　　相聲和語文密不可分！傳統相聲中不乏以語文為題的段目，不少相聲名家向語文學者請益，「玩語文遊戲」猶如相聲演員之必修！而我對語文的關注比起同行不多不少，不同的是我不單用語文作相聲的素材，還積極地把相聲導入教育體系、用來強化語文教育的基礎工程！這會是相聲的新使命嗎？我不明確！明確的是：語文是相聲的根！在這個語文與相聲同感困頓、失落的時代，應用相聲來豐富語文教學並藉此廣傳，這想法頗值一試！

　　台灣的相聲演員本來不多，有像我這樣資歷的屈指可數，其中多數專注於成人市場，兒童相聲乏人問津，我算是個異數！我的動力來自於孩子：孩子的單純令我輕鬆、成長令我喜悅、笑聲令我著迷……我愛孩子！二十多年演、編、教的經驗使我清楚怎樣篩選才能讓孩子從相聲吸收到好的養分！緣此，我膽敢往各處鼓吹「少兒練功」的概念。而，自「北曲」開闢「少兒練功房」以來，每周六總是有家長帶著小孩從外地趕來，從這少數幸運兒身上我嗅出有更多孩子同樣愛相聲卻沒那麼好運；又，學校老師頻頻反應，為了介紹相聲他們好不容易地蒐集到一點資料卻錯誤

百出、買了 CD 、 VCD 後來才明白那些原來是戲劇而不是相聲、想找段子給學生練習卻苦無所獲,自己寫段子又外行……諸多無助;對此,我既不忍且憂心,惟恐沒人認真看待、及早解決這些問題,相聲遲早與後人漸行漸遠!

所以這幾年,每當我與國中、小學老師相遇──通常是在教師研習營──我的開場白總是這樣:「說起相聲,我專業;但說到語文教學,你們比我專業;我盼望我們的專業互相結合,迸發出新的生命!」。可惜,「結合」的希望往往隨著活動結束而落空!直到與萬興國小老師一拍即合,這「新生命」才算獲得投胎的機會!

我們的構想近乎完善:每一個單元設定語文教學的主題,由相聲打頭陣,它逗趣好笑,用它來點題、引發學習興趣並為後面一連串的教學活動布下線索;接著是針對低、中、高年級分別設計的教案與學習單,相聲的內容與之相呼應;最後設有仿作練習,以我寫的相聲為模本,由學生「DIY」改寫成自己的作品,這既可檢視教學成效、鼓勵創作,也使寫相聲不再遙不可及。此外,又錄製了由兒童發聲的相聲 CD,它可配合課程也可單獨播

放，光聽 CD，學生不僅吸收語文常識且很快地能朗朗上口說上一段，這解決了老師的劇本之荒、教演之愁；縱然過去市面上也有用相聲教語文的出版品，但是這麼骨肉相連的，這本應是首創。

想得不錯！等動起筆來，才發覺給自己找了個吃力又不一定討好的差事！寫這些段子要求：篇幅短小緊扣主題、「包袱」須在教育尺度內、五到十二歲全能笑出聲且結構得便於仿作……限制太多！好歹，最終把它生出來了！沒胎死腹中！

所有段子雖皆出自我手，但不可諱言其中有取自傳統相聲的成套、有師法於前人創意的，一來是相聲的資產豐厚而具媚惑力教人很難忍住不用，再者也是我特意如此，好提高閱聽人對相聲樣式、型態、規律與手法的熟悉度！仿作中，有些與原段略有出入，例如「繪聲繪影」顧及並非每個孩子都有口技天分，故仿作時採取了不同的路線；「語出驚人」原段將誇飾的對象聚焦在「說話」上，仿作時卻改成「力氣大」，使用者可提示不同的誇飾向度以激發孩子的想像；最難解釋的是「貽笑大方」，原段標示的甲、乙，到了仿作卻由甲說乙的詞、乙說甲的話，為什麼得掉換

角色呢？那是因為在對口相聲中，標示「甲」通常是逗哏者、居於主導地位，「乙」通常是捧哏者、發揮輔助功能，仿作是從原段中裁切出片段來，但既然這片段獨立成段了，便理應依照其在段中所發揮的功能來重新定位角色，這才有如此結果。

　　本書是為兒童語文教育者所設計、為教學時能派上用場而製作的工具書，語文是其重點、相聲是應用的元素，它使學習語文的過程變得更有趣！是故，相聲部分宜單純化以免失焦！正因此書中我沒談相聲理論、也略過如何教孩子說相聲的課題，對這兩項有興趣的讀者，前者可參考我已出版的《說相聲》一書，後者可參閱我在「幼獅公司」的新作《我把相聲變小了──兒童相聲劇本集》。

　　本書出版實多賴萬興 ART 創意教學團隊與幼獅公司的夥伴們勞心勞力以及台北曲藝團、漢光教育基金會鼎力支持；而我個人於寫作期間受馬季先生啟發、鼓勵良多，未料書未成、人已逝！到如今每回想起來，真箇「言猶在耳人何處，幾度思量幾慟情」！謹將我對這位「一代相聲掌門人」深沉的感謝與遺憾化成寥寥數字留在這裡，作為紀念！

語文與說唱的火花

◎台北市萬興國小 ART 創意教學團隊

　　每每看到孩子上課無精打采的樣子，總會讓我們不禁想：有沒有更有趣的方法可以讓教學更活潑，讓孩子歡歡喜喜的上語文課，語文能力更加提升？

　　「萬興國小 ART 創意教學團隊」自民國九十三年起，就以「傳統與創新——說唱藝術融入教學對學生發表能力與興趣提升之行動研究」為題，獲得教育部創意教師研究專案經費，踏上創意教學研究的路途。我們在國立台北教育大學語文與創作學系林于弘教授帶領之下，與台北曲藝團共同合作。台北曲藝團郭志傑團長更不計酬勞，發動全體團員擔任指導老師，增進我們的說唱藝術知能。其中，葉怡均老師不但指導萬興教師，更指導萬興的學生，在短短的兩年內，讓學生們在台北市相聲比賽中嶄露頭角、屢獲佳績。

　　在說唱藝術融入教學的研究中，我們從相聲的門外漢到對相聲略有領悟，進而發現相聲其實與語文領域的教學息息相關。一段好的相聲段子中要巧妙的運用映襯、雙關、諧音、諺語和成語，這些不都是語文教學中的重要元素嗎？於是，埋藏在我們心

中已久的疑問找到了答案。在計畫的成果報告出爐後，我們希望能繼續將成果與更多人分享，因此與葉怡均老師攜手合作以「說唱藝術與語文教學」為主軸，繼續研發新的教學方式，今日才有此書的產生。

　　相信將語文與相聲結合可以提升學生對於語文學習的興趣。我們先將相聲段子與語文教學的元素兩相比對，嘗試以「字」、「詞」、「修辭技巧」這三個大方向規畫出八個教學主題，每個教學主題下各有三個教學活動，大致以低、中、高三個年段為原則，方便老師使用。

　　經過長期的試教階段，使我們更堅信將語文與相聲結合，可以提升學生對於語文學習的興趣。因為從試教老師的口中得知，學生都是興趣盎然並且有更深度的學習。我們費盡心思討論後設計出的教案，至少都得經過兩位以上的老師試教，試教後再給予課程設計老師回饋，修正再修正才定稿。

　　為什麼可以有趣又有深度呢？因為藉由葉老師「量身訂做」的相聲段子中，學生一聽完CD就忍不住哈哈大笑，老師順勢從學

生的笑聲中，引導出語文的觀念，並藉由遊戲化的教學，更加深了學生對語文基礎知識的認知，最後再藉由活潑的學習單，讓該語文主題深深的烙印在學生的腦海中。

　　確信這是一套可以提升學生語文能力的教學設計，從「疊疊樂」、「唱反調」單元中，學生可以學到修飾語詞；從「張冠李戴」單元中，可以了解量詞與名詞的關係；從「數一數二」單元中，學生可以認識並運用含有數字的成語；從「字的加減」單元中，學生可以學習到如何快速擴充識字量；從「貽笑大方」單元中，學生可以學習正確運用多音字；從「語出驚人」、「繪聲繪影」單元中，學生可以更輕鬆有趣的方式學習修辭技巧。

　　希望此書可以讓學生學習快樂，老師教學開心。

如何使用這本書

一、對象

本書結合了相聲與語文，老師可以利用相聲來輔助教學，家長也可以利用相聲來協助孩子學習語文，進而提升孩子的語文能力，並增進對相聲的興趣。

二、本書之編排方式

每個單元分為四個部分：（一）聽相聲　（二）學語文　（三）相聲仿作──粉墨登場說相聲（四）教學資源庫。

三、內容

共有八個單元，每個單元各有不同的教學主題，每個教學主題下，按照內容的難易程度，各有三個有趣好玩的學習活動。

四、本書特色

1.每個學習活動分別有適用年級、活動目標、活動準備、活動時間、活動內容及「Teacher's Notes」。

2.「Teacher's Notes」提供使用者在教學時應該注意的事項，使用時能更得心應手。

3.每個學習活動後皆附有學習單，使用者可直接影印放大使

用，或使用所附贈光碟內之檔案適度修改後再使用。

4.每個單元都附有相聲段子，並提供「相聲放大鏡」說明段子內容與該單元語文主題之關聯，使用者可視情況於教學前後隨機選用，並附有「相聲仿作──粉墨登場說相聲」學習單，教師可視教學進度及學生的興趣來決定是否要讓學生仿作，更可以指導學生上台表演相聲，增加學習樂趣。

5.「教學現場 Q&A」是經由九位資深專業教師親自試教每一單元後，提供使用者於教學現場可能會碰到的問題與解答。

6.每個單元都附有教學資源庫，供使用者於教學時參考。

7.為便於使用，本書另附贈光碟，內容含學習單文字檔及相聲段子聲音檔。

教學活動架構表

單元名稱	單元目標	學習活動	活動目標	適用年級
疊疊樂	能認識「疊字詞」，並靈活的運用	察「顏」觀「色」	認識與顏色有關的疊字詞	低
		「疊」影重重	認識形容人特色的疊字詞	中
		「疊」床「架」屋	認識三個字及四個字的疊字詞	高
唱反調	認識並應用反義詞	黑白配	認識反義詞	低
		最佳拍檔	認識並應用反義詞	中
		顛三倒四	應用反義詞進行創作	高
張冠李戴	能認識並正確使用量詞	看圖說話	認識「物量詞」	低
		翻翻樂	靈活運用量詞描述事物	中
		張冠李戴	認識「物量詞」和「動量詞」	中

單元名稱	單元目標	學習活動	活動目標	適用年級
數一數二	能認識並應用含有數字的成語	步步高升	認識含有一到十數字的成語	中
		成千上萬	認識含有百、千、萬數字的成語	中
		成語加減法	認識數字成語的意義	高
字的加減	認識字體的結構	採花蜜	分辨「形似字」的部件與偏旁	低
		七拼八湊	認識字的結構	中
		深情密碼	認識字體結構及意義的不同	高
貽笑大方	認識一字多音的正確念法及使用方法	你捉得住我	認識多音字並辨別多音字的用法	低
		「它」是我兄弟	運用多音字造詞並造句	中
		笑話一籮筐	靈活運用多音字創作	高

語文變聲 show

單元名稱	單元目標	學習活動	活動目標	適用年級
語出驚人	能認識誇飾修辭法，並正確使用	超級比一比	認識誇飾的語句	低
		語不驚人死不休	學會運用誇飾修辭法描述心情	中
		吹牛大王	認識誇飾中「放大」、「縮小」的描寫方式	高
繪聲繪影	認識摹寫修辭法	聽誰在說話	認識摹聲詞	低
		瞎子摸象	認識摹觸、摹嗅及摹味修辭	中
		繪聲繪影	認識並運用摹視、摹聲修辭	高

目 錄

第1章　疊疊樂：疊字修辭

第2章　唱反調：認識反義詞

第3章　張冠李戴：單位量詞

第4章　數一數二：數字成語

疊疊樂
疊字修辭

一、聽相聲
詞語疊疊樂

甲：我發現人們說話常帶有許多的「疊字」詞。

乙：什麼叫作「疊字」詞？

甲：就是在一個詞語裡有同一個字重複出現。

乙：一個詞語裡重複出現同一個字？

甲：對！

乙：這我不太明白，不如你舉個例子說說看？

甲：唉！你「說說看」，這就是一個「疊字」詞啦！

乙：噢！是嗎？我不過是隨隨便便、順口說說！

甲：你看！「隨隨便便」、順口「說說」！這些都算是「疊字」詞！

乙：呵！這麼說來，「疊字」詞運用得很廣泛哪！

甲：對！可以說小 baby 從「牙牙學語」就開始接觸「疊字」詞！以後幾乎「時時刻刻」都離不開它！

乙：你這話說得太誇張了！

甲：你不信？那我們表演一下！比如你是嬰兒。

乙：喔！我是嬰兒。

甲：對！我是你媽！

乙：嗯？你？是我媽？有你那麼小號的媽嗎？

甲：廢話！有你這麼大號的 baby 嗎？這只不過是透過表演來說明嘛？

乙：這我不幹！

甲：啊？不幹？（啪！）「寶寶壞壞！媽媽拿棍棍打屁屁！打打！打打！打……」

乙：哎喲！哎喲！OSK！Stop！

甲：怎麼樣？「疊字」詞用得真不少吧？

乙：我挨打挨得真不少！

甲：嘿嘿！「疊字」詞用得好，不但可使語言更加活潑、形象也更為生動。

乙：是嗎？那你現在向大家介紹我，每句話裡都得帶著「疊字」詞，怎麼樣？

甲：沒問題！這就開始！

乙：哼！看他到哪裡找那麼多「疊字」詞！

甲：要說起○○○，他這人可真不錯，平時「文文靜靜」、為人「落落大方」、說話「頭頭是道」，做事更是「面面俱到」！

乙：沒錯！我就是這樣！

甲：要說他長得，那真是「文質彬彬」；身材，「瘦瘦高高」；臉蛋，「方方正正」；頭髮，「烏烏亮亮」！

乙：對對！

甲：有「白白淨淨」的皮膚、「細細長長」的眉毛、「圓滾滾」

的眼睛、「紅撲撲」的臉頰、「毛茸茸」的耳朵、「光禿禿」
的鼻孔、「血淋淋」的大嘴配上一口「綠油油」的暴牙。

乙：什麼？喂！喂！「血淋淋」的大嘴？「綠油油」的暴牙？這
　　是我啊？

甲：這是妖怪！

乙：不像話！

相　聲　放　大　鏡

　　　在段子一開始，我們藉著甲和乙兩人的對話點出「疊字
詞」的定義，透過該諧誇張的對話方式吸引大家對「疊字詞」
的注意；而段子的後半段，則是藉由甲對乙的介紹來認識
「疊字詞」，透過這個段子的描述，讓學生學習如何使用疊字
詞對人進行描述（配合學習活動一：察「顏」觀「色」；學習
活動二：「疊」影重重），最後經由亂用詞語的方法製造一個
笑點，讓學生了解誤用疊字詞所造成的笑話（配合相聲仿
作）。

　　　　　　語文變聲 show

二、學語文

（一）教學主題說明

  疊字詞是指同一個字的重疊出現，其形式可以是兩個字的重複，例如：常常、漸漸（AA）；也可以是三個字的組合，例如：彎彎腰（AAB）或綠油油（ABB）；也可以是四個字的組合，例如：冷冷清清（AABB）、小心翼翼（ABCC）或悶悶不樂（AABC）。疊字詞的運用得當，常能達到加強語氣的效果。

（二）單元目標

  能認識「疊字詞」，並靈活的運用。

（三）活動目標

  1.認識與顏色有關的疊字詞。

  2.認識形容人特色的疊字詞。

  3.認識三個字及四個字的疊字詞。

（四）學習活動

  活動一：察「顏」觀「色」。（適用低年級）

  活動二：「疊」影重重。（適用中年級）

  活動三：「疊」床「架」屋。（適用高年級）

（五）學習評量

1.能運用與顏色有關的疊字詞寫短語。

2.能運作疊字詞來形容人的特色。

3.能運用三個字及四個字的疊字詞寫出一段短文。

活動一

察「顏」觀「色」

◎適用年級：低年級。

◎活動目標：認識與顏色有關的疊字詞。

◎活動準備：

　1.五張顏色的語詞卡：黑色、紅色、藍色、黃色、白色。

　2.五張疊字詞的語詞卡：例如 黑漆漆。（參考 Teacher's Notes）

　3.「察顏觀色」學習單每生一張。

　4.相聲 CD。

◎活動時間：四十分鐘。

◎活動內容：

　1.暖身活動：顏色大風吹

　　教師先說明大風吹的遊戲規則——「搶空位」、「吹顏色」，再由教師先當鬼，例如：「大風吹！」「吹什麼？」「吹有黑色頭髮的人。」再由下一個當鬼的人，繼續吹下一個顏

色。

2.語文活動

a.說一說，遊戲時吹了哪些顏色？

b.找一找，教室裡還有哪些東西也是這種顏色？

c.想一想，可以用哪些語詞代表這些顏色？（例如：可以代替白色的疊字詞有白白的、白皙皙、白茫茫⋯⋯）

d.將五張「顏色語詞卡」和五張「疊字詞語詞卡」分成上下兩排揭示在黑板上，讓學生比較兩種詞卡的不同，讓學生透過討論，歸納出疊字詞定義。

e.聽相聲CD，說一說段子裡有說到哪些顏色？哪些顏色疊字詞說得對？哪些顏色疊字詞用得不適當？

3.語文評量

發下察「顏」觀「色」學習單，先著上顏色，再說一說這些東西可以用哪些疊字詞來形容？

Teacher's Notes

1. 進行大風吹遊戲時，教師可視班級的實際情況決定吹什麼顏色，也可使用色紙來輔助學生對顏色的概念。

2. 大風吹的時間或次數則視課程的安排決定，原則上需將語詞卡上的顏色都提及，以便進行比對的活動。

3. 教師揭示語詞卡時宜將二個字的語詞卡排成一排，三個字的語詞卡排成一排，讓學生方便進行比對。

黃色	綠色	白色	紅色	黑色
黃澄澄	綠油油	白茫茫	紅通通	黑漆漆

如果學生比對後無法說出不同處，老師可引導學生說出語詞中兩個一樣的字時，就稱為「疊字詞」。

4. 學習單上有些題目並沒有標準答案，學生只要言之有理都可接受，例如第五個圖可以說是亮晶晶的星星，也可以說是「黑漆漆的夜晚」。（顏色的疊字詞，可參考教學資源庫）

_____年_____班_____號_____

　　各位小朋友，請你仔細的觀察下面這些東西，想一想看，它們通常都是什麼顏色，請用彩色筆把它們的顏色畫下來，再把它們的顏色寫下來。

著上顏色	寫出顏色	寫出疊字詞	用疊字詞寫短語
	黃色 →	黃澄澄 →	黃澄澄的香蕉

學習評量	能運用與顏色有關的疊字詞寫短語。
我的成績	□一級棒 □還不錯 □已做到 □需加油

「疊」影重重

◎適用年級：中年級。

◎活動目標：認識形容人特色的疊字詞。

◎活動準備：

　　1.計時器。

　　2.「疊影重重」學習單每生一張。

　　3.相聲CD。

◎活動時間：四十分鐘。

◎活動內容：

　　1.**暖身活動：聽相聲CD**

　　　a.說一說聽到了哪些疊字詞？

　　　b.其中有哪些是形容外形、個性、優點的疊字詞？

　　2.**語文活動**

　　　a.將全班分組，並將黑板依組數分區塊。

　　　b.每組推派一位代表作為被描述對象，老師將其姓名書寫在黑板，請該組成員從他的外形、個性、優點來思考可運用的疊字詞。

　　　c.各組在三分鐘之內以接力的方式上台，依序寫出二到四字

疊字詞。

　　d.各組派代表上台解釋疊字詞所形容的是外形、個性還是優

　　　點，由老師及其他組作裁判決定答案是否通過。

　　e.統計各組答對的疊字詞數量，答對最多者獲勝。

3.語文評量

　　發下「疊」影重重學習單，先想想自己腦海中的「毛毛」，

寫出合適的疊字詞，再根據描述的特色畫下「毛毛」。

◎延伸活動：

　　發下相聲仿作學習單，學生兩人一組，選擇適當的疊字詞進

行仿作，再上台表演自己的作品。

Teacher's Notes

　　1.遊戲雖以趣味性為主，但在各組推選代表時，需要有適度的

　　　引導，避免部分人緣較差學生淪為被攻擊的對象。

　　2.各組提出的疊字詞只要可以自圓其說，都可以算是通過。

　　3.老師亦可收集教科書出版社所附贈教材中，有疊字詞的語詞

　　　卡作為教材。

　　4.雖然可能因接力上台而影響秩序，但以輪流方式可顧及少數

　　　低成就學生的參與感。

　　5.老師可視小朋友活動的節奏，自行調整教學時間長度。

學習單二 「疊」影重重

　　毛毛的身體還少了些什麼？請你幫他加上去，要配合你所使用的疊字詞，而且不可以重複哦！

脸蛋（　　　　　），頭髮（　　　　　　），眼睛（　　　　　），

眉毛（　　　　　），鼻子（　　　　　　），耳朵（　　　　　），

嘴巴（　　　　　），牙齒（　　　　　　），手臂（　　　　　），

身體（　　　　　），腳　（　　　　　　），衣服（　　　　　），

鞋子（　　　　　），_____（　　　　　　）

小提示：
疊字有二個字、
三個字和四個字的，
都可以用哦！

學習評量	能運用疊字詞來形容人的特色。			
我的成績	□一級棒	□還不錯	□已做到	□需加油

活動三

「疊」床「架」屋

◎**適用年級**：高年級。

◎**活動目標**：認識三個字及四個字的
疊字詞。

◎**活動準備**：

1.每組二十張空白小條紙。

2.各組彩色筆兩枝。

3.「疊床架屋」學習單每組一張。

4.相聲CD。

◎**活動時間**：四十分鐘。

◎**活動內容**：

1.**暖身活動：支援前線**

a.每組發下二十張紙條，各組腦力激盪寫出三個字以上的疊
字詞，計時三分鐘。

b.將黑板依組數分區塊，各組把答案紙條張貼在黑板指定區
塊。

c.統計各組正確的疊字詞數量，答對最多者獲勝。

2.**語文活動**

a.全班共同討論，根據暖身活動的答案，依其特性加以分

類，例如形容動作、心情、態度、景象……的疊字詞。

b.請學生上台自選三個疊字詞，並將三個疊字詞連接成一個句子。

3. 語文評量

發下「疊床架屋」學習單，請小組透過共同討論，選擇六個疊字詞，完成疊字詞短文創作。

◎延伸活動：

a.聽相聲 CD，說一說聽到了哪些疊字詞？哪些疊字詞用得恰當？哪些疊字詞張冠李戴鬧了笑話？

b.發下相聲仿作學習單，讓學生兩人一組進行仿作後，再上台表演自己的作品。

Teacher's Notes

1.下課時先請學生將 A4 紙裁成四等分，活動進行中不夠時，可寫在背面。

2.教師可視學生寫字速度及思考的情況，調整遊戲中寫語詞的時間。

3.學生所提的答案出現爭議時，可以透過師生共同討論的方式取得共識。

4.教師可將相聲仿作學習單作為回家功課，讓學生充分的思考後完成，批閱後再請學生上台表演。

學習單三　「疊」床「架」屋

　　親愛的小朋友：認識了這麼多疊字詞後，現在就和小組的組員們一起腦力激盪，利用疊字詞（最少要六個喔！），寫一段創意十足的「短文」吧！

一、我是疊字大王：這段「短文」我用了（　　）個疊字詞。

三個字的疊字詞	
四個字的疊字詞	

二、「短文」開始囉：

_____

_____

_____

_____

_____

_____

_____

（真厲害！不夠寫嗎？紙張的背面可以繼續寫喔！）

學習評量	能運用三個字及四個字的疊字詞寫出一段短文。
我的成績	□內容有創意　□句子通順　□再用心點　□需加油

教學現場 Q & A

Q1：「跳一跳」、「意思意思」這些語詞算是疊字詞嗎？

A1：這些語詞都不是疊字詞。（疊字詞的定義請參照教學主題說明）

Q2：如果學生想出的語詞都是「長長的」、「紅紅的」、「方方的」這種「○○的」，或「吃吃看」、「試試看」、「○○看」這種類型相近的疊字詞，該怎麼辦？

A2：教師可在遊戲中訂定得分標準，例如這些疊字詞只得半分，以刺激學生想出不同的疊字詞。

Q3：如果學生所提的疊字詞，例如「黃金金」、「專專心心」等，並不是很恰當的答案時，該怎麼辦？

A3：老師不用急著否定它的答案，可以透過全班思考與討論的方式，讓孩子取得共識，了解成語或語詞是有「約定俗成」的原則。

三、相聲仿作
粉墨登場說相聲

＿＿＿年＿＿＿班＿＿＿號＿＿＿＿＿＿＿＿

　　小朋友，聽完了這一段相聲，你是不是對其中描述人的疊字詞有深刻的印象呢？如果是你來說相聲，你會運用哪些疊字詞來介紹班上的同學？現在就有一個讓你大展長才的機會，快來試試吧！

甲：要說起＿＿＿＿＿＿＿，他這人可真不錯，平時＿＿＿＿＿＿＿、為人＿＿＿＿＿＿＿、說話＿＿＿＿＿＿＿，做事更是＿＿＿＿＿＿＿。

乙：沒錯！我就是這樣！

甲：要說他長得，那真是＿＿＿＿＿＿＿；身材＿＿＿＿＿＿＿；臉蛋＿＿＿＿＿＿＿；頭髮＿＿＿＿＿＿＿！

乙：對對！

甲：有＿＿＿＿＿＿＿的皮膚、＿＿＿＿＿＿＿的眉毛、＿＿＿＿＿＿＿的眼睛、＿＿＿＿＿＿＿的臉頰、＿＿＿＿＿＿＿的耳朵、＿＿＿＿＿＿＿的鼻孔、＿＿＿＿＿＿＿的大嘴，還配上一口＿＿＿＿＿＿＿的暴牙。

乙：什麼？喂！喂！＿＿＿＿＿＿＿的＿＿＿＿＿＿＿？＿＿＿＿＿＿＿的＿＿＿＿＿＿＿？這是我啊！

甲：這是妖怪！

乙：不像話！

四、教學資源庫

教學資源提供老師教學時參考用，老師也可以在空白處加入自己的答案。

類別	三字	四字 前二相同 後二相同 （AABB）	四字 前二相同 後二不同 （AABC）	四字 前二不同 後二相同 （ABCC）
顏色	黑漆漆、黑沉沉 黑糊糊、烏溜溜 紅通通、紅咚咚 黃澄澄、綠油油 灰茫茫、灰蒙蒙 灰撲撲、白花花 白絨絨、白茫茫 白皚皚、亮晶晶 白霧霧、白嫩嫩 白皙皙、紅豔豔	花花綠綠 紅紅綠綠 白白嫩嫩	閃閃發亮	金光閃閃
人	水噹噹、瘦巴巴 胖嘟嘟、水汪汪 雄赳赳	高高壯壯 瘦瘦高高 瘦瘦小小 矮矮胖胖 漂漂亮亮	沒沒無聞 亭亭玉立 赫赫有名 落落大方 滔滔不絕 炯炯有神 喋喋不休	風塵僕僕 相貌堂堂 風度翩翩 大名鼎鼎 文質彬彬

類別	三字	四字 前二相同 後二相同 （AABB）	四字 前二相同 後二不同 （AABC）	四字 前二不同 後二相同 （ABCC）
人		斯斯文文 老老實實 清清白白 庸庸碌碌	鼎鼎大名 斤斤計較 彬彬有禮 頭頭是道	
心情	笑哈哈、笑咪咪 苦哈哈、氣嘟嘟 氣呼呼、甜蜜蜜	悽悽慘慘 高高興興 快快樂樂 歡歡喜喜 開開心心 甜甜蜜蜜 嘻嘻哈哈	悶悶不樂 暗暗自責 竊竊自喜 依依不捨	小心翼翼 得意洋洋 人心惶惶 死氣沉沉 殺氣騰騰
態度	文縐縐 冷冰冰 氣沖沖	明明白白 安安靜靜 畏畏縮縮 正正當當 堂堂正正 大大方方 客客氣氣 戰戰兢兢 囉囉嗦嗦 絮絮叨叨 溫溫吞吞	落落大方 楚楚可憐 彬彬有禮 面面俱到 格格不入 咄咄逼人 振振有詞 沾沾自喜	風度翩翩 言之鑿鑿 威風凜凜 循循善誘 心事重重

類別	三字	四字 前二相同 後二相同 （AABB）	四字 前二相同 後二不同 （AABC）	四字 前二不同 後二相同 （ABCC）
態度		含含糊糊 隨隨便便 瘋瘋癲癲 婆婆媽媽 渾渾噩噩 嘟嘟嚷嚷 支支吾吾		
動作	慢吞吞、急匆匆	慌慌張張 馬馬虎虎 結結巴巴 哭哭啼啼 冒冒失失 搖搖擺擺 拖拖拉拉 急急忙忙 冒冒然然 吞吞吐吐 拉拉扯扯 彆彆扭扭 扭扭捏捏 毛毛躁躁	虎虎生風 呼呼大睡 井井有條 姍姍來遲 步步為營 翩翩起舞 竊竊私語 喁喁私語	

類別	三字	四字 前二相同 後二相同 （AABB）	四字 前二相同 後二不同 （AABC）	四字 前二不同 後二相同 （ABCC）
聲音	嘩啦啦、淅瀝瀝 轟隆隆、	叮叮噹噹 叮叮咚咚 鏗鏗鏘鏘 吱吱喳喳 嗚嗚咽咽		
形狀	圓滾滾、光禿禿 瘦巴巴、	大大小小 正正方方 細細長長 四四方方 彎彎曲曲 凹凹凸凸		
其他	血淋淋、軟綿綿 皺巴巴、油膩膩 毛茸茸、活生生 孤零零、亂糟糟 熱呼呼、亂烘烘 火辣辣	平平安安 平平凡凡 風風雨雨 時時刻刻 多多少少 長長久久 家家戶戶 世世代代 形形色色 吵吵鬧鬧 零零星星 冷冷清清	熊熊大火 寥寥無幾 津津有味 嘖嘖稱奇 娓娓道來 息息相關 欣欣向榮 冥冥之中 綽綽有餘	信誓旦旦 清潔溜溜 微風徐徐 妙手空空 想入非非

第 2 章

唱反調
認識反義詞

一、聽相聲
唱反調

甲：你會說「反義詞」嗎？

乙：「反義詞」？什麼意思？

甲：就是我說正面的。

乙：哦！

甲：你說反面的。

乙：噢！唱反調啊！這我可最拿手啦！

甲：是嗎？那我考考你！

乙：你考吧！

甲：我說「天」！

乙：那我說「地」，這是不是反義詞？

甲：對！

乙：嘿……這簡單啊！

甲：我說什麼你都能對得上來嗎？

乙：沒問題。

甲：好！我說「長」。

乙：我「短」。

甲：我「圓」。

乙：我「扁」。

甲：我「陰」。

乙：我「陽」。

甲：我「天才」。

乙：我「笨蛋」。

甲：我「富家女」。

乙：我「敗家男」！

甲：嘿嘿⋯⋯你對得真不錯啊！

乙：呵呵⋯⋯「沒有三兩三，不敢上梁山！」你放馬過來吧！

甲：再來！你注意啦！可得對得工整啊！

乙：放心！你怎麼來，我就怎麼去！

甲：我大⋯⋯

乙：我小⋯⋯

甲：ㄟㄟㄟ──別急！我沒說完呢！

乙：還有呀？

甲：嗯！我「大」，我「大咧咧」！

乙：啊？「大咧咧」啊？

甲：對！

乙：那⋯⋯我「小」，我「小咪咪」！

甲：啊？「小咪咪」？

乙：你用疊字，我也湊得出疊字！

甲：好！我「胖」，我「胖嘟嘟」！

乙：我「瘦」，我「瘦巴巴」！

甲：我「溼答答」。

乙：我「乾癟癟」。

甲：我「水噹噹」（台語）。

乙：……我「ㄇㄞ ㄍㄨˊ ㄍㄨˊ」（台語）。

甲：我「ㄅㄟˇ ㄆㄠ ㄆㄠ」（台語）！

乙：我「ㄡ ㄙㄨˊ ㄙㄨˊ」（台語）！

甲：我……我 Up！Up！Up！

乙：我呀！我 Down！Down！Down！

甲：我……

乙：喂！「down！down！down！」啦！不懂嗎？

甲：什麼意思？

乙：鐘響，下課啦！

語文變聲 show

相聲放大鏡

　　本相聲段子主要是介紹反義詞的用法，前半段說明不同字數對照的反義詞，例：「天」對「地」、「天才」對「笨蛋」、「富家女」對「敗家男」（配合學習活動一：黑白配）；後半段則強調每一組反義詞的對應，除意義相對外，形式上的對應也是必要的，例如：字數（一個字對一個字，例「大」對「小」）或詞性（形容詞對形容詞，例「胖」對「瘦」）或修辭法（疊字對疊字，例「胖嘟嘟」對「瘦巴巴」）等條件都需一致（配合學習活動二：最佳拍檔、學習活動三：顛三倒四）。此外在相聲段子末了運用台語及英文等不同語言的反義詞，除了可以製造笑料、增加趣味性外，也可以讓學生對反義詞印象更為深刻。

二、學語文

（一）教學主題說明

　　所謂反義詞是指相對應的字或詞具相反的意思。在對應時，通常會考慮到字數的對應（如：黑←→白），或詞性的對應（如：勤勞←→懶惰），或修辭上的對應（如：冷冰冰←→熱呼呼）。在文章中反義詞對應得當，可達到增強語氣、凸顯意義的效果。

（二）單元目標

　　認識並應用反義詞。

（三）活動目標

　　1.認識反義詞。

　　2.認識並應用反義詞。

　　3.應用反義詞進行創作。

（四）學習活動

　　活動一：黑白配。（適用低年級）

　　活動二：最佳拍檔。（適用中年級）

　　活動三：顛三倒四。（適用高年級）

（五）學習評量

　　1.能找出並寫出正確的反義詞。

語文變聲 show

2.能寫出反義詞並造句。

3.能應用反義詞編寫故事。

活動一

黑白配

◎**適用年級**：低年級。

◎**活動目標**：認識反義詞。

◎**活動準備**：

　　1.反義詞語詞卡五組。（如黑、白……參考教學資源庫）

　　2.玩具槌二支。

　　3.每組白板、白板筆各一。

　　4.「黑白配」學習單每生一張。

　　5.相聲 CD。

◎**活動時間**：四十分鐘。

◎**活動內容**：

　　1.**暖身活動：聽相聲 CD**

　　　a.請學生發表聽到哪些反義詞，老師將學生所發表的內容書

　　　　寫於黑板上，並說明何謂反義詞。

　　　b.由老師找出高矮、胖瘦等外型較有明顯差異的學生上台，

　　　　讓其他學生說出差別之處。

2.語文活動

　　a.老師張貼反義詞的語詞卡於黑板，讓學生上台配對。

　　b.老師說明五組反義詞的意義。

　　c.老師將黑板上的語詞卡隨意排列，進行男女大對抗。

　　d.男女各派一位代表，手持玩具槌，老師念出一個語詞，學生立刻敲出對應的語詞，最快且正確者得分。

　　e.將全班分組，各組討論並寫出更多反義詞於白板上。

　　f.各組將白板揭示於黑板上，師生共同檢討。

3.語文評量

　　發下「黑白配」學習單，指導學生寫出反義詞。

Teacher's Notes

1.老師在挑選學生上台做比對時，要注意孩子心理因素，尤其是胖胖的或矮小的學生，避免造成被取笑的狀況。

2.低年級孩子用圖卡較易吸引學生的注意，可在日常生活中選擇適當的圖片如報紙、月曆、海報等，再加上文字備用。

3.男女大對抗遊戲，主要是讓全班分為兩組進行槌打遊戲，教師可依班級人數進行分組，最好讓所有的學生都有上台的機會。

4.玩具槌也可用吸盤小球代替，增加遊戲的趣味性。

5.指導學生書寫學習單時，要告知學生不可以只在題目前加「不」表示相反的意思（例如：高興←→不高興），宜注意字數及詞性的對應。

學習單一　　黑白配

_____年_____班_____號_____

一、連連看，小朋友請幫小白兔找到反義詞的紅蘿蔔：

| 黑 | 高 | 大 | 左 | 快 |

| 慢 | 右 | 白 | 矮 | 小 |

二、小朋友，請幫忙在上衣裡寫字或詞，和下面的裙子或褲子配成一套反義詞的衣服：

| 難看 | 喜歡 | 乾 | 放學 | 買 |

三、動動腦，你還知道哪些反義詞，請寫出三組。

　　1.（ 乾淨 ←→ 骯髒 ）　　2.（ 　　←→ 　　）
　　3.（ 　　←→ 　　）　　4.（ 　　←→ 　　）

學習評量	能找出並寫出正確的反義詞。
我的成績	□一級棒 □還不錯 □已做到 □需加油

活動二
最佳拍檔

◎**適用年級**：中年級。

◎**活動目標**：認識並應用反義詞。

◎**活動準備**：

1.題目卡十至十五張。（題目卡的題目可參考教學資源庫）

2.每組白板、白板筆各一。

3.「最佳拍檔」學習單每生一張。

4.相聲 CD。

◎**活動時間**：四十分鐘。

◎**活動內容**：

1.**暖身活動：聽相聲 CD**

共同討論找出段子中的反義詞。

2.**語文活動：比手畫腳**

a.將全班分組，每組各派一位代表上台，輪流抽取題目卡。

b.抽題者根據題意進行解釋或說明讓同組同學猜，可用口語亦可加上肢體動作，但不可說出題目的任何字。答題者必須猜出題目為何，並說出與其相對應的反義詞，然後利用這組反義詞造出一個意思完整的句子。

例：（開心）←→（難過）

造句：考試結束了，考得好的人很開心，考不好的人很難過。

c.統計競賽結果，給予優勝小組獎勵。

3.語文評量

發下「最佳拍檔」學習單，鼓勵學生利用不同形式的反義詞組，完成學習單。

◎延伸活動：

發下相聲仿作學習單，讓學生仿作再上台表演。

Teacher's Notes

1.反義詞的對應，除了意義的相對外，形式上的對應也是必要的，教師須特別說明。例：喜歡←→不喜歡、矮小←→高高的，這些對應的答案是不被接受的。

2.並非所有的字詞都有對應的反義詞，教師布題時應避免提出無法對應的語詞。

3.運用反義詞組造句，如學生先備經驗不足，老師可先舉例說明後，隨機出題，再請會的學生回答，增加學生的理解及造句能力。

4.學習單之「相反詞造句」，老師批閱較困難，可以請學生寫完句子時，將相反詞用括號標示出來，老師較易批閱。

學習單二　　最佳拍檔

_____ 年_____ 班_____ 號_____

　　小朋友，經驗了「比手畫腳」的遊戲，相信你已經是個「反義詞」高手，現在就請你大顯身手，試試以下的問題。

＊寫出反義詞，並運用反義詞造出完整的句子。

　　例：（開心）←→（難過）

　　造句：考試結束了，考得好的人很（開心），考不好的人很（難過）。

1. （　　　　　）←→（　　　　　）

_____

_____

2. （　　　　　）←→（　　　　　）

_____

_____

3. （　　　　　）←→（　　　　　）

_____

_____

學習評量	能寫出反義詞並造句。			
我的成績	□一級棒	□還不錯	□已做到	□需加油

活動三

顛三倒四

◎**適用年級**：高年級。

◎**活動目標**：應用反義詞進行創作。

◎**活動準備**：

1.語詞卡六張。（如快樂、害怕……參考教學資源庫）

2.每組白板、白板筆各一。

3.「顛三倒四」學習單每組一張。

4.相聲段子仿作學習單每生一張。

5.相聲 CD。

◎**活動時間**：八十分鐘。

◎**活動內容**：

1.**暖身活動：聽相聲 CD**

a.請學生說出段子中出現的反義詞。

b.師生討論歸納出反義詞的原則：相對應的反義詞字數、詞

性、修辭法等格式需一致。

2.**語文活動**

a.全班分組競賽。

b.老師將六張語詞卡張貼在黑板上，各組任選三個語詞卡上

的語詞編寫成一篇短文，記錄於白板上並發表。

　　c.各組將短文中的三個語詞替換成反義詞後進行口頭發表。

3.語文評量

　　發下「顛三倒四」學習單，指導學生分組找出語詞編寫故

　　事，完成後上台發表。

◎**延伸活動：**

　　發下相聲段子仿作學習單，讓學生仿作後再上台表演。

Teacher's Notes

　1.老師應提醒學生盡量選擇三個不同詞性的語詞編寫短文，

　　例：進來（動詞）、黑暗（形容詞）、快（副詞）。

　2.老師在設計語詞卡時，不要出現相對應的反義詞，例如：美

　　麗←→醜陋，才能達到本活動學習反義詞的目標。

　3.進行活動時，請提醒學生將選用的語詞用不同顏色的筆或用

　　括號呈現出來，以方便下一次的置換活動。

　4.替換語詞後，可能會出現上下文意矛盾的地方，可趁此機會

　　師生共同討論修正，若融入「作文教學」，則教學時間須調

　　整為兩節課。

學習單三　顛三倒四

一、請從下表三組中，每組任選一個語詞，寫在【　】裡。

【　　　　】、【　　　　　　】、【　　　　　　】

(一)	明亮　又高又大　黑　光滑　矮　胖嘟嘟　高高瘦瘦 遠　漂亮　又矮又胖　黑漆漆　　細細長長
(二)	來　出去　贊成　前進　喜歡　吸　吞下去
(三)	飛快　傷心　成功　慢

二、利用上述三個語詞，編成一篇故事或短文。

三、將這三個語詞替換成反義詞後，再抄寫一次。

四、改寫完了之後，你發現了什麼？

學習評量	能應用反義詞編寫故事。
我的成績	□一級棒　　□還不錯　　□已做到　　□需加油

教學現場 Q & A

Q1：每一個語詞的反義詞都只有一個嗎？

A1：有些語詞的反義詞不是非常明確，例如「高興」的反義詞，可以是「難過」或「傷心」，只要是合理的都可以接受。所以「高」對「低」或「矮」、「寬」對「細」或「窄」都是可以的。

Q2：學生想出的反義詞常局限在高、矮、胖、瘦等較具體易見的辭彙，缺乏勤勞、懶惰等較抽象不可見的詞，該如何擴充學生使用反義詞的視野？

A2：老師可參考「教學資源庫」，於教學說明時盡量引用不同類別反義詞，例如具體的、抽象的、不同字數的，讓學生了解到反義詞的多樣性，以擴充學生的視野。

Q3：如何增加學習反義詞的趣味性？

A3：玩各種語文遊戲時，可鼓勵學生回答不同層次的反義詞，例如第一回找出兩個字的反義詞，第二回找出三個字，依此類推。

語文變聲 show

三、相聲仿作
粉墨登場說相聲

　　小朋友，聽完了這一段相聲，你是不是覺得用反義詞來對話很有意思呢？如果是你來說相聲，你會運用哪些反義詞呢？請你來試試吧！

甲：你會說「反義詞」嗎？

乙：「反義詞」？什麼意思？

甲：就是我說正面的，你說反面的。

乙：噢！跟你唱反調啊！這我可最拿手啦！

甲：是嗎？那我們試試看！

乙：你出題吧！

甲：我說「＿＿＿＿＿＿」！

乙：那我說「＿＿＿＿＿＿」，這是不是反義詞？

甲：對！我說什麼你都能對得上來嗎？

乙：沒問題。

甲：好！我說「＿＿＿＿＿＿」。

乙：我說「＿＿＿＿＿＿」。

甲：我說「＿＿＿＿＿＿」。

乙：我說「＿＿＿＿＿＿」。

甲：我「＿＿＿＿＿＿」。

乙：我「＿＿＿＿＿＿」。

甲：我「＿＿＿＿＿＿」。

乙：我「＿＿＿＿＿＿」。

甲：我「＿＿＿＿＿＿」。

乙：我「＿＿＿＿＿＿」。

甲：我「＿＿＿＿＿＿」。

乙：我「＿＿＿＿＿＿」。

甲：我「＿＿＿＿＿＿」。

乙：我「＿＿＿＿＿＿」。

甲：我「＿＿＿＿＿＿」。

乙：我「＿＿＿＿＿＿」。

甲：嘿！你＿＿＿＿＿＿＿＿＿＿＿！

語文變聲 show

四、教學資源庫

教學資源提供老師教學參考用，老師也可在空白處加入自己的答案。

一字	二字	三字	四字
上、下	上面、下面	笑哈哈、氣呼呼	安安靜靜、吵吵鬧鬧
左、右	左邊、右邊	笑咪咪、氣嘟嘟	急急忙忙、拖拖拉拉
前、後	前面、後面	甜蜜蜜、苦哈哈	又高又壯、又矮又瘦
高、矮	明亮、黑暗	胖嘟嘟、瘦巴巴	又高又瘦、又矮又胖
胖、瘦	白天、黑夜	亮晶晶、暗沉沉	高高大大、矮矮小小
美、醜	早上、晚上	富家女、敗家子	一表人才、其貌不揚
深、淺	喜歡、討厭	暖洋洋、冷冰冰	事半功倍、事倍功半
冷、熱	高興、生氣		門庭若市、門可羅雀
快、慢	高大、矮小		以德報怨、以怨報德
哭、笑	快樂、悲傷		來日方長、去日無多
寬、窄	贊成、反對		價值連城、一文不值
進、出	放大、縮小		一舉兩得、兩敗俱傷
長、短	出去、回來		家喻戶曉、默默無聞
粗、細	進來、出去		孔武有力、弱不禁風
軟、硬	進去、出來		錦上添花、雪上加霜
多、少	相同、相反		膽小如鼠、膽大包天
大、小	老人、小孩		晴空萬里、烏雲密布
輕、重	害怕、勇敢		
內、外	緊張、鎮定		
	吵鬧、安靜		

一字	二字	三字	四字
走、跑 黑、白 強、弱 早、晚 難、易 貧、富 善、惡 忠、奸 利、弊 得、失	無聊、有趣 溫柔、粗魯 裡面、外面 哭聲、笑聲 坐車、走路 勤勞、懶惰 大方、小氣 難吃、可口 天才、白癡 上榜、落榜 內行、外行 天堂、地獄 黑白、彩色 乾淨、骯髒 困難、簡單 貧窮、富有 勇敢、膽小 離家、回家 謙虛、自大 醜陋、美麗		

第 3 章

張冠李戴
單位量詞

一、聽相聲
張冠李戴

甲：我們從小學說國語，不知道你有沒有注意到一個奇怪的現象？

乙：什麼現象？

甲：比如英文說： This is a book. 翻譯成中文是什麼意思？

乙：這是一本書。

甲：對！ He is a boy.

乙：他是一個男孩。

甲：很好！ I am a student.

乙：我是一名學生。

甲： She is a teacher.

乙：她是一位老師。

甲： Yor are a pig.

乙：……你！是一隻豬。

甲：對對對！欸──你發現了沒有？

乙：發現了！

甲：發現什麼？

乙：你是一隻豬嘛！

甲：什麼呀！不是！我是說，你發現問題沒有？

乙：問題？沒有哇！

甲：你注意啊，我說「a book」、「a boy」、「a student」、「a teacher」、「a pig」，名詞前面用得是同一個「a」，可是你怎麼翻的？

乙：我怎麼翻？我照著翻哪！

甲：照著翻？

乙：你用「a」，我就翻成「一」啊！

甲：是嗎？

乙：「a book」：一本書；「a boy」：一個男孩；「a student」：一名學生；「a teacher」：一位老師；「a pig」……嘿嘿……一隻豬。

甲：不對！不對！為什麼你都多加了一個字呢？

乙：沒有哇！我加什麼字啊？

甲：一「本」書的「本」、一「個」男孩的「個」、一「名」學生、一「位」老師、還有……，一「隻」豬！

乙：你說這個呀！這沒什麼好奇怪的，這是單位量詞嘛！

甲：對！單位量詞！是……做什麼用的？

乙：你不懂啊？這單位量詞，通常是用在名詞的前面，方便我們計算它的數量！

甲：哦？這單位量詞……？每個名詞……用得都得不一樣噢？

乙：不！也有一樣的！比如剛才你出的題，那也可以說成：一「位」男孩、一「位」老師、一「位」學生，這不就一樣了？

甲：是！一「位」男孩、一「位」老師、一「位」學生，一「位」
……豬！

乙：豬？豬就不能用「位」的！

甲：不能餵？那用灌的？

乙：灌豬幹嘛？我們不是在討論量詞嗎？這豬啊，可以說一「隻」
豬、一「頭」豬、一「窩」豬，就是不能說一「位」豬。

甲：噢！那說……一「根」豬？

乙：一根？嘿嘿……一「根」香腸可以，一「根」豬啊，不行！

甲：為什麼不行？

乙：什麼名詞配什麼量詞，得視情況而定！不許張冠李戴！

甲：是嗎？難道就不能發揮一點創意？比如說：我有一「顆」豬？

乙：我有一「顆」糖！這可以！

甲：我有一「朵」豬？

乙：一「朵」花！

甲：我有一「塊」豬？

乙：一「塊」錢！

甲：我有一「把」豬？

乙：一「把」尺！

甲：我有一「滴」豬？

乙：一「滴」水！

甲：我有一「包」豬？

乙：一「包」糖！

甲：我有一「盒」豬？

乙：一……

甲：我有一「瓶」豬、一「盆」豬、我一「罐」子豬、一「籃」子豬、一「鍋」子豬、一「箱」子豬、一「櫃」子豬、我一「腦」子……豬！

乙：啊？一腦子豬啊！嘿！你別嘴硬啦！

相 聲 放 大 鏡

　　「張冠李戴」這個相聲段子，在說明單位量詞和配合的名詞之間的關係。在前半段中先說明「單位量詞的用途」（配合學習活動一：看圖說話），後半段立即接著談單位量詞與名詞之間的關係，也就是「單位量詞會隨著名詞而改變」（配合學習活動二：翻翻樂）。這一部分則分成兩方面來解釋，一是「不同的名詞可以使用相同的單位量詞」例如：一位男孩、一位老師；另一個則是「相同的名詞可以使用不同的單位量詞」，例如：一窩豬、一隻豬（配合學習活動三：張冠李戴）。最後從這一部分點出如果將「張冠」給「李戴」的話，就會鬧笑話了，例如：一盆豬、一腦子豬。（配合延伸活動──相聲段子仿寫）

二、學語文

（一）教學主題說明

　　量詞是表示事物或動作的單位詞。表示事物單位的稱為「物量詞」，如：個、塊、斤等。表示動作單位的稱為「動量詞」，如：次、回、趟等。正確使用量詞，能更精準的表達語意。（資料參考：《常用量詞詞典》，國語日報，民八十五年。）

（二）單元目標

　　能認識並正確使用量詞。

（三）活動目標

　　1.認識「物量詞」。

　　2.靈活運用量詞描述事物。

　　3.認識「物量詞」和「動量詞」。

（四）學習活動

　　活動一：看圖說話。（適用低年級）

　　活動二：翻翻樂。（適用中年級）

　　活動三：張冠李戴。（適用中年級）

（五）學習評量

　　1.能使用正確的量詞。

　　2.能知道有些量詞可以接不同的名詞。

　　3.能將量詞分類並造句。

活動一
看圖說話

◎適用年級：低年級。

◎活動目標：認識「物量詞」。

◎活動準備：

　　1.塑膠玩具槌兩枝。

　　2.物品名稱卡，數量約全班人數的一半。（見 Teacher's Notes 1）

　　3.有數量的圖卡五張。（見 Teacher's Notes 2）

　　4.小白板、白板筆每生一份。

　　5.「看圖說話」學習單每生一張。

　　6.相聲 CD。

◎活動時間：四十分鐘。

◎活動內容：

　　1.暖身活動：眼明手快

　　a.全班分成兩組，各組每次派一位學生輪流上台。

b.比賽開始，學生必須根據老師說的量詞敲打適當的物品名稱卡，例如老師說「一朵」，學生就必須敲打寫有「花」或「雲」的那張物品卡才算過關得分。

c.得分最多的那一組獲勝。

2.**語文活動**

a.聽相聲 CD，師生共同討論歸納量詞的使用時機：

① 不同的名詞可使用相同的量詞，例：一位男孩、一位老師。

② 相同的名詞可使用不同的量詞，例：一頭牛、一隻牛。

b.老師揭示數量圖卡，要求學生口頭或書面完整回答圖畫內容。（寫在小白板上）

c.學生拿出小白板，兩人一組練習你畫我說。（一人畫，另一人說，然後再互換。）

3.**語文評量**

發下「看圖說話」學習單，並指導學生完成。

Teacher's Notes

1. 物品名稱卡內容:花、雲、報紙、桌子、小狗、蝴蝶、鉛筆、蠟筆、薯條、色紙、香蕉、棒棒糖、書、作業本、書包、小朋友（同一個量詞的物品名稱卡需準備兩份）。

2. 數量圖卡內容:

（數量圖卡也可用實物取代）

3. 物品名稱卡也可用圖卡替代，但須注意圖案要明確，不要模稜兩可，以免學生產生誤會。物品名稱卡可重複使用，因此只要準備學生數的一半即可。

4. 小白板及白板筆若數量不夠時，也可兩人共用一份。

5. 看圖說話部分，可視學生程度決定用口頭或書面回答，但一定要使用量詞完整回答。若是書面回答，則要提醒學生開頭的數字應以國字書寫。

6. 教學時，使用的量詞可配合國語課本，以增加教學效果。

7. 部分名詞會有不同的量詞，例如：西瓜可能是「一個」，也可能是「一片」，要提醒學生留意。

_____年_____班_____號_____

一、看圖連連看：

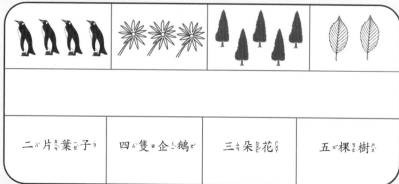

| 二片葉子 | 四隻企鵝 | 三朵花 | 五棵樹 |

二、你看到圖裡有什麼？有多少？請寫下來：

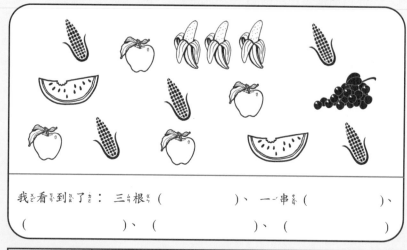

我看到了：三根（　　　　）、一串（　　　　）、
（　　　　）、（　　　　）、（　　　　）

學習評量	能使用正確的量詞。
我的成績	□一級棒　□還不錯　□已做到　□需加油

活動二

翻翻樂

◎**適用年級**：中年級。

◎**活動目標**：靈活運用量詞描述事物。

◎**活動準備**：

　　1.量詞卡五張及名詞卡十五張，在兩面皆貼上軟性磁鐵。（一

　　　張量詞對應三個名詞，見 Teacher's Notes 2）

　　2.每組白板、白板筆各一。

　　3.「翻翻樂」學習單每生一張。

　　4.相聲 CD。

◎**活動時間**：四十分鐘。

◎**活動內容**：

　　1.**暖身活動**：聽相聲 CD

　　　討論相聲段子的主題，並說出相聲中使用的量詞。

　　2.**語文活動一**：量詞大會串

　　　a.老師在黑板上書寫一個量詞，如「一瓶」，讓全班學生腦

　　　　力激盪，可以接哪些名詞，如「果汁」、「香水」、「飲料」

　　　　……。

　　　b.老師在黑板上書寫第二個量詞，如「一塊」。小組討論，

　　　　並書寫在小白板上，進行小組競賽。

c.老師引導學生發現除了有些量詞可以接不同的名詞之外，有些名詞可以使用不同的量詞。如：「一塊餅乾」、「一包餅乾」。

d.分組討論除了剛剛全班腦力激盪的量詞外，還有哪些名詞可以使用不同的量詞，將討論的結果書寫在白板。

e.各組將討論的結果揭示在黑板上，師生共同檢討，並將表現最好的組別記錄在黑板上。

3. 語文活動二：翻翻樂

a.將已寫好的五張量詞卡張貼在黑板上半部。將十五張名詞卡隨意張貼在黑板下半部。

b.師生共同討論正確的配對答案。

c.討論完後，將所有的詞卡翻到反面，進行分組比賽。

d.各組派二人上台，其中一人抽量詞卡，另一人翻出對應的名詞卡，一次翻一張，答對者得一分。翻完蓋回，輪下一組繼續。

e.統計小組競賽的結果。

4. 語文評量

發下「翻翻樂」學習單，說明學習單的題目內容及如何作答。

◎延伸活動

a.老師先分析段子中利用量詞與名詞的特有性，說明如何製造笑料。

b.學生共同討論並創作「張冠李戴」相聲仿作學習單。

Teacher's Notes

1. 各組將白板揭示於黑板上，師生共同檢討時，可能會有具爭議性的答案，如「一個蘋果」、「一粒蘋果」、「一盤蘋果」、「一籃蘋果」等，只要經過討論後，師生能達成共識的答案皆可接受。

2. 量詞卡五張及名詞卡十五張的內容須考量不會有爭議的答案，以免影響遊戲的進行。可參考的答案如下：

「一片」：「森林」、「孝心」、「好意」、「西瓜」、「餅乾」

「一道」：「閃電」、「彩虹」、「難題」

「一場」：「電影」、「誤會」、「表演」

「一串」：「香蕉」、「葡萄」、「鑰匙」

「一張」：「白紙」、「桌子」、「卡片」

____年____班____號_____

小朋友，做完翻翻樂遊戲後，相信你對量詞有更進一步的認識。試一試，你是不是一級棒？

一、填填看，這些量詞可以接哪些不同的名詞？

一條	(　　　)、(　　　)、(　　　)、
一面	(　　　)、(　　　)、(　　　)、
一個	(　　　)、(　　　)、(　　　)、

二、想想看，你還可以想到哪些量詞，也可以接不同的名詞？

一【　】	(　　　)、(　　　)、(　　　)、
一【　】	(　　　)、(　　　)、(　　　)、
一【　】	(　　　)、(　　　)、(　　　)、

三、動動腦，有哪些名詞可以使用接不同的量詞？

香蕉	(一根香蕉)、(一串香蕉)、(　　　)、
【　】	(　　　)、(　　　)、(　　　)、
【　】	(　　　)、(　　　)、(　　　)、

學習評量	能知道有些量詞可以接不同的名詞。
我的成績	□一級棒　　□還不錯　　□已做到　　□需加油

◎**適用年級**：中年級。

◎**活動目標**：認識「物量詞」和「動量詞」。

◎**活動準備**：

　1.每生三張空白紙條。

　2.句型長條紙一張。（如：一隻 天竺鼠 在 吃 一枝 冰棒 ）

　3.量詞卡十張。（如：一隻、一朵……參考教學資源庫）

　4.書面紙五張、色筆五枝。

　5.「張冠李戴」學習單每生一張。

　6.相聲 CD。

◎**活動時間**：四十分鐘。

◎**活動內容**：

　1.**暖身活動：聽相聲 CD**

　　請學生發表聽到哪些量詞。

　2.**語文活動：三張紙條遊戲**

　　a.老師張貼句型長條紙於黑板上，老師說明 ⬚ 是要替換的

　　　語詞。

　　b.每人發三張空白紙，請學生寫出詞性是主詞、動詞、名詞

的語詞各一，將寫好的紙張分別放在三個盒子中。

c.老師任取一張量詞卡，按照順序抽出三個盒子中的語詞卡，並置換於句型長條紙上。

d.請學生將已置換的句子大聲念出，製造笑果，再請學生說出正確的量詞。

e.說一說遊戲中的哪些量詞常用來計算動物的數量？哪些常用來計算植物及物品？哪些常用來計量動作的次數？

f.老師補充說明何謂「物量詞」、「動量詞」。（見 Teacher's Notes）

3.語文評量

發下「張冠李戴」學習單，引導學生將量詞分類，並利用動量詞造句。

◎延伸活動

發下相聲仿作學習單，讓學生仿作後，再上台表演自己的作品。

Teacher's Notes

1. 玩三張紙條遊戲時，也可改為四張紙條，量詞也由學生書寫。

2. 玩三張紙條遊戲時，主詞可以是人，也可以是物。

3. 物量詞是用來計量事物的數量，也就是計量名詞，通常出現在所計量的事物前面，如「一個人」、「一朵花」、「一件外套」、「一群人」、「一束花」……。

4. 動量詞是用來計量動作的次數，也就是計量動詞，通常出現在所計量的動作的後面，如「繞三圈」、「大吵一陣」、「讀了一遍」、「亂叫一通」……。

5. 學習單參考答案

   動物：條、頭、隻、匹、群……

   植物：棵、株、朵、枝、束……

   物品：根、片、顆、粒、塊、包……

學習單三　　張冠李戴

　　我們已經認識了「物量詞」和「動量詞」，現在請你想一想常用的量詞有哪些？然後將量詞分類並選擇三個「動量詞」造句。

一、認識「物量詞」：

　　1.描述動物的量詞有：（　條　）、（　頭　）、（　　　）。
　　如：（　一條魚　）、（　一頭牛　）、（　　　　　）。

　　2.描述植物的量詞有：（　朵　）、（　　　）、（　　　）。
　　如：（　一朵花　）、（　　　　　）、（　　　　　）。

　　3.描述物品的量詞有：（　顆　）、（　　　）、（　　　）。
　　如：（　一顆糖　）、（　　　　　）、（　　　　　）。

二、認識「動量詞」：

　　常用的動量詞有（趟）、（回）、（　）、（　）、（　）
　　我的造句：

　　1.（　一趟　）：＿＿＿＿＿＿＿＿＿＿＿＿＿＿＿＿＿＿＿

　　2.（　　　）：＿＿＿＿＿＿＿＿＿＿＿＿＿＿＿＿＿＿＿

　　3.（　　　）：＿＿＿＿＿＿＿＿＿＿＿＿＿＿＿＿＿＿＿

學習評量	能將量詞分類並造句。			
我的成績	□一級棒	□還不錯	□已做到	□需加油

教學現場Q & A

Q1：量詞的用法有一定的規範嗎？

A1：量詞與物品的搭配含有中國人對事物分類的概念，像「動物」用「隻」、「條」計量，「植物」用「棵」、「株」計量，「長條」形物品多半用「根」、「條」來數，「圓」形物品則多半用「顆」、「粒」來數。（參考資料：《常用量詞詞典》，國語日報，民八十五年。）

Q2：玩遊戲時，要一個名詞只能對應一個量詞嗎？

A2：由於名詞與量詞的關係可以巧妙作變換，例如：一根香蕉、一串香蕉、一盤香蕉。所以，玩遊戲時不一定要一個名詞對應一個量詞，老師可以多舉不同的例子，加強學生對量詞的活用。

三、相聲仿作
粉墨登場說相聲

　　聽完了「張冠李戴」的相聲，對於其中利用錯誤的量詞產生許多的笑料，是不是覺得很有趣？小朋友你是不是也可以使用不當的量詞，來製造好笑的相聲段子呢？

乙：聽說你很會數數，今天我就考考你「單位量詞」。

甲：好！單位量詞！是……做什麼用的？

乙：你不懂啊？這單位量詞，通常是用在名詞的前面，方便我們計算它的數量！

甲：哦？這單位量詞……？每個名詞……用得都得不一樣噢？

乙：是，像葡萄？葡萄就不能用「片」的！

甲：不能「騙」？那用「搶」的？

乙：搶什麼？我們不是在討論量詞嗎？這魚啊，可以說一「_____」魚、一「_____」魚、一「_____」魚，就是不能說一「_____」魚。

甲：為什麼不行？

乙：什麼名詞配什麼量詞，不允許張冠李戴！

甲：是嗎？難道就不能發揮一點創意？比如說：我有

一＿＿＿＿＿＿＿？

乙：我有一＿＿＿＿＿＿＿！這可以！

甲：我有一＿＿＿＿＿＿＿！

乙：一＿＿＿＿＿＿＿！

甲：我 有 一 ＿＿＿＿＿＿ 、 一 ＿＿＿＿＿＿ 、

一＿＿＿＿＿＿。

乙：你啊？是一＿＿＿＿＿＿＿啊！你別嘴硬啦！

四、教學資源庫

　　教學資源提供老師教學時參考，老師也可在空白處加入自己的答案。

量詞	例　詞	量詞	例　詞
包	一包糖果　　一包垃圾 一包香煙	本	一本報告　一本手冊 一本相簿
杯	一杯開水　　一杯米 　一杯果凍	班	一班同學　一班火車 一班飛機　下一班船
把	一把剪刀　　一把眼淚 一把劍　　　一把鼻涕 一把青菜　　一把年紀 一把泥土　　摸一把 一把野火　　洗把臉 一把怒火　　加把勁	筆	一筆錢　　　一筆好字 一筆收入　一筆土地 一筆資料　一筆買賣 一筆交易
部	一部汽車　　一部機器 一部佛經　　一部好書 一部電影	步	搶先一步　推進一步 第一步工作 下一步行動
瓶	一瓶香水　　一瓶飲料 半瓶清潔劑	匹	一匹馬　　　一匹馬力 一匹布
片	一片雪花　　一片明亮 一片雲　　　一片陰影 一片原野　　一片漆黑 一片茶園　　一片燈火 一片疆土　　一片混亂 一片祥和　　一片愛心 一片歡呼聲　哭成一片 一片濃密的森林	盤	一盤水果 一盤紅燒肉 一盤棋 賽了兩盤球

量詞	例　詞	量詞	例　詞
面	一面金牌　　一面鏡子 一面國旗	抹	一抹清香　一抹彩霞 一抹黑影
打	一打拖鞋　　一打襪子 一打雞蛋	朵	一朵鮮花　一朵奇葩 一朵微笑
滴	一滴水　　　一滴汗水 一滴血	點	一點火光　三點結論 一點錢　　一點營養 胖了一點　客氣一點
堆	一堆草叢　　一堆爛泥巴 一堆理由　　一堆口號 一堆毛病　　一堆垃圾	段	一段竹竿　一段甘蔗 一段新聞　一段台詞 這段時期　這段公路
台	一台相機　　一台腳踏車 一台平安戲	套	一套餐具　一套家具 一套教材　一套西裝 一套規範　一套程式 一套作風
箱	一箱蘋果　　一箱飲料 好幾箱文件 六大箱帳冊	下	跳一下　　抖一下 按一下快門 輕輕碰一下
條	一條圍巾　一條鐵鍊 一條毛毛蟲　一條巷子 一條線索　一條生命	團	一團肉　　　一團迷霧 一團黑影　　一團旅客 一團和氣　　一團糟 笑成一團　　撞成一團
粒	一粒沙　　　一粒種子 一粒米	輛	一輛轎車　一輛巴士 一輛牛車
個	一個人　　　一個櫥櫃 一個季節　　一個觀點 一個體驗	根	一根眉毛　一根電線 一根香煙 一根手指頭 一根竹筷子

量詞	例　詞	量詞	例　詞
塊	一塊蛋糕　　一塊玉 一塊金牌　　一塊空地 一塊餅乾　　一塊錢	口	一口蛀牙　　一口井 五口之家　　一口銅鐘 一口氣　　　滿口髒話
棵	一棵樹 一棵仙人掌 一棵山茶花	顆	一顆鑽石　　一顆子彈 一顆糖　　　一顆假牙 一顆珍珠
盒	一盒水彩　　一盒積木 五盒藥品	行	一行標語　　兩行眼淚 幾行紅字
件	一件事　　　一件衣服 一件雕塑品　一件新樂器 一件交通意外	集	一集製作費 一集連續劇 一集漫畫
節	一節甘蔗　　兩節餐車 一節課　　　這一節比賽 下一節活動	家	一家民宅 一家報社 八家工廠
扇	一扇窗戶　　兩扇大門	雙	一雙襪子　　一雙鞋子 一雙好兒女
起	兩起人馬　　一起車禍 一起竊案	圈	轉一圈　　　第一圈牌 一圈金屬框
群	一群朋友　　一群士兵 一大群動物	拳	打一拳 划一拳
線	四線大道　　三線電話 一線曙光　　一線希望 一線機會	項	各項權益　　一項資源 兩項帳目 　十二項建設 刑法第十條第五項

　　　　　　　語文變聲 show

量詞	例　詞		量詞	例　詞	
支	一支球隊 一支曲子 一支電話 這支廣告 四十支光	一支大過 多支股票 一支全壘打 每支影片	隻	一隻雞 一隻表 一隻翅膀	一隻襪子 一隻手套 十隻小船
枝	一枝草 一枝鉛筆	一枝枯藤 一枝冰棒	張	一張紙 一張桌子	一張床 一張嘴
串	一串項鍊 一串讚嘆聲 一串美夢	一串香蕉 一串好消息	場	一場惡夢　一場好戲 一場音樂會 大哭一場 空歡喜一場	
座	一座橋 一座豪宅 一座青山	一座舞台 一座滑梯 一座獎盃	次	遲到一次　抽兩次血 失誤一次　一次機會 一次會議 一次音樂會	
層	一層土 一層認識	一層鮮奶油 一層了解	位	一位長輩 三位長官 各位先生、女士 一位哲學家	

第 4 章

數一數二
數字成語

一、聽相聲
數一數二

甲：我發現，人們說話經常習慣使用成語，而這成語當中又夾帶有大量的數目字。

乙：數目字？一二三四五六七八九十啊？

甲：對！從一到十，幾乎數目字全用上啦！

乙：是嗎？你舉個例子？

甲：比如說帶一的：「一鳴驚人」、「一鼓作氣」、「一飛衝天」、「一馬當先」、「一箭雙鵰」……

乙：帶二的？

甲：「二龍戲珠」、「兩全其美」。

乙：噢！三？

甲：「三頭六臂」、「三陽開泰」、「三顧茅廬」、「三角戀愛」！

乙：「三角戀愛」？

甲：這不算！

乙：你得說成語！四？

甲：四……「三個臭皮匠，勝過一個諸葛亮！」

乙：四啊？

甲：「三個」臭皮匠加「一個」諸葛亮！

乙：加法啊？五？

甲：「五體投地」！

乙：六？

甲：「六神無主」！

乙：七？

甲：「七竅生煙」！

乙：八？

甲：「八面威風」！

乙：九？

甲：「九死一生」！

乙：十？

甲：「十全十美」！

乙：喝！從一到十，真不少哇！

甲：是呀！這些成語就像語言的調味料，如果用得巧妙，能收到畫龍點睛的效果！

乙：怎麼說呢？

甲：比如我們一碰面，你問我的近況，我們隨便聊兩句。

乙：聊天啊？這我會！「嗨！※※※，好久不見啊！」

甲：「是啊！是啊！好久不見！」

乙：「你現在讀幾年級啦？」

甲：「過完暑假升小四啦！」

乙：「是啊？ㄟˇ……你們班多少人啊？」

甲：「三十幾……大概三十六人吧！」

乙：「哦？你在你們班成績怎麼樣？」

甲：「馬馬虎虎啦！」

乙：「馬馬虎虎？你謙虛吧！一定是數一數二！」

甲：「不！真的！我差得遠！還得百尺竿頭，更上層樓！」

乙：嘿！行啊！你這幾句成語用得真不錯！

甲：嗯！不過，成語雖然好用也得適可而止，不能胡用、濫用，
　　以免畫蛇添足！

乙：是嗎？不見得吧！假如你多用幾句成語，那一定更精采！

甲：多用幾句？

乙：是啊！不如我們做個實驗！就剛才我問的問題，你回答每句
　　話都用上成語！

甲：啊？

乙：而且是帶數目字的成語！怎麼樣？

甲：什麼？還得是帶數目字的成語？這……怎麼說呢？

乙：唉呀！好玩嘛！試試！這就開始：「※※※，好久不見啊！」

甲：「是啊！……真是……『一』日不見，如隔『三』秋。」

乙：不錯！真有帶數目字的成語！再來！「你讀幾年級啊？」

甲：「我讀……呃……不三不四。」

乙：啊？也對！小三升小四，可不是不三不四嗎？「你們班多少
　　人？」

甲：「三三兩兩。」

乙：不是三十六個人嗎？

甲：是啊！

乙：怎麼三三兩兩呢？

甲：沒錯呀！三乘三乘二乘二，不就等於三十六？

乙：哈！乘法啊？

甲：對！三三，兩兩！

乙：「那你成績怎樣？」

甲：嗯，馬馬──

乙：馬馬虎虎？不行！

甲：不行？

乙：這句成語沒數字！

甲：要有數字？

乙：當然！說吧！你成績如何？

甲：我成績──ㄟˊ！有了！2266！

乙：2266？

甲：嗯！

乙：噢！「ㄌㄧˇ　ㄌㄧˇ　ㄌㄚˋ　ㄌㄚˋ」啊？

甲：廢話！這樣講話！不「ㄌㄧˇ　ㄌㄧˇ　ㄌㄚˋ　ㄌㄚˋ」才怪
　　哩！

相聲放大鏡

　　這段相聲中出現的是含數字一到十的成語，以此作為學習數字成語的入門（配合學習活動一：步步高升）。除相聲中所提到的含數字一到十的成語之外，本單元的語文教學會延伸到含有百、千、萬的成語（配合學習活動二：成千上萬），以及含兩個數字的成語（配合學習活動三：成語加減法）。

　　在相聲段子中有「『三個』臭皮匠加『一個』諸葛亮」，運用成語的「加法」來製造笑料，但是在仿作時並不容易找到這樣的例子，可以用含兩個數字的成語來代替。

二、學語文

（一）教學主題說明

數字成語是指成語中含有一到十的數字，或百、千、萬等數字的成語。這些成語中，有些是只含一個數字的成語，如「三思而行」、「千里迢迢」；有些含有兩個以上的數字，如「五光十色」、「七手八腳」、「千變萬化」、「一五一十」。在文章中運用數字成語，常能收畫龍點睛之效。

（二）單元目標

能認識並應用含有數字的成語。

（三）活動目標

1.認識含有一到十數字的成語。

2.認識含有百、千、萬數字的成語。

3.認識數字成語的意義。

（四）學習活動

活動一：步步高升。（適用中年級）

活動二：成千上萬。（適用中年級）

活動三：成語加減法。（適用高年級）

（五）學習評量

1.能寫出含有一到十數字的成語。

2.能想出含有百、千、萬數字的成語，並運用於句中。

3.能根據成語的意思，完成成語填字遊戲。

活動一

步步高升

◎適用年級：中年級。

◎活動目標：認識含有一到十數字的成語。

◎活動準備：

　1.計時器。

　2.一到十數字卡（貼好軟性磁鐵）。

　3.每組白板及白板筆各一。

　4.「步步高升」學習單每生一張。

　5.相聲 CD。

◎活動時間：六十分鐘

◎活動內容：

　1.**暖身活動**：聽相聲學成語

　　a.先讓小朋友聽聽「數一數二」相聲 CD，認識其中和數字

有關的成語。

b.老師和小朋友共同討論成語的定義，及一到十的數字成語
有哪些。

2.**語文活動一：數字成語接力賽**

a.說明遊戲規則：將全班分成五組，老師先抽出一組，這一
組需說出含有一的成語，下一組則說出和它的數字相同或
者多一的成語（即一或二）。

b.進行遊戲：由老師抽出那一組開始，每組回答時間計時五
秒，答對者得一分，未在時間內答完者，即跳過，由下一
組作答，最後累計得分最多者，予以獎勵。

3.**語文活動二：成語加一加**

a.老師先準備一到十數字卡，由各組抽出兩個數字，把它貼
在白板上。

b.各組在五分鐘內，用這兩個數字寫出兩個成語，利用這兩
個成語在白板上造句或寫出短文。

c.各組揭示成果，由老師和同學共同評判是否合理與通順。

4.**語文評量**

老師發下「步步高升」學習單，請小朋友在學習單的階梯上
寫出由一到十的成語。

◎**延伸活動：**

發下相聲仿作學習單，讓學生仿作後再上台表演。

Teacher's Notes

1. 遊戲中的成語，老師可事先依資源庫中的成語略作提示。若學生對成語較不熟悉，老師也可以在暖身活動時，先作預習。

2. 對於數字成語的造句，老師可事先說出評分的要求。例如：通順、合理、趣味、句子的完整性等，讓學生更明確的知道老師的要求。

3. 一個成語裡同時有兩個以上的數字時，運用其中任何一個數字皆可。例如：「七上八下」可用於數字是七，也可以用於數字是八，但是同一個成語不可以重複出現。

4. 本活動若要運用於三年級時，需注意學生所能記憶及理解的成語可能不足，老師可以在前一天，讓學生回家先找一找有哪些數字成語，對於活動的進行會較為順利。

5. 學習單的運用可以視學生的情形，各自完成或是小組完成。

語文變聲 show

學習單一　　步步高升

＿＿年＿＿班＿＿號＿＿＿＿＿＿＿＿

　　小朋友，請你在樓梯上，由下而上寫出一到十的成語。試試看，你可以寫出幾個？你也可以在樓梯上設計專屬的數字。

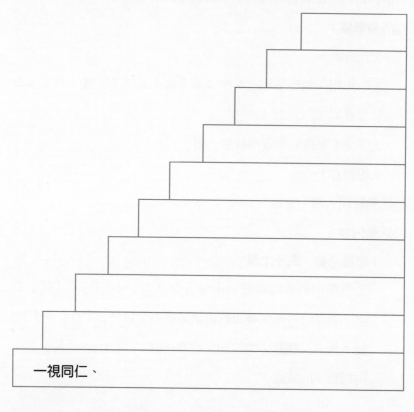

一視同仁、

學習評量	能寫出含有一到十數字的成語。
我的成績	□一級棒　　□還不錯　　□已做到　　□需加油

活動二

成千上萬

◎**適用年級**：中年級。

◎**活動目標**：認識含有百、千、萬數字的成語。

◎**活動準備**：

　1.計時器。

　2.兩顆相同的骰子。（其中三面各寫上百、千、萬，剩下三面
　　空白）

　3.「成千上萬」學習單每生一張。

　4.相聲 CD。

◎**活動時間**：四十分鐘。

◎**活動內容**：

　1.**暖身活動：成千上萬**

　　先讓學生發表哪些成語中包含有「百」、「千」、「萬」的
　　字。老師可將學生發表的成語歸納出：只含有「百」或「千」
　　或「萬」一個數字的成語；含有「百」、「千」、「萬」其中
　　兩個數字的成語。

2.語文活動

　　a.將全班分組，並將黑板依組數分區塊。

　　b.每次各組輪一位尚未上台成員擲兩顆骰子，依兩顆骰子的擲出的數字，於一分鐘內說出成語，並書寫於黑板上。

　　c.若兩顆骰子出現一個數字、一個空白，只需寫出該數字的成語，如：遺臭萬年；若出現兩個數字，就寫出含有這兩個數字的成語，如：千言萬語；若兩個都是空白，請學生重擲。

　　d.大約十五分鐘結束遊戲，老師可以和全班學生一起討論每組寫出的成語意義，順便統計各組成績。

3. 語文評量

　　發下「成千上萬」學習單，寫出並畫出含有「百」、「千」、「萬」的成語。

◎延伸活動：

　　a.老師播放「數一數二」相聲 CD，全班學生一起討論這段相聲中運用到哪些數字成語？這些成語所代表的意思是什麼？

　　b.發下相聲仿作學習單，讓學生仿作後再上台表演。

Teacher's Notes

1. 這個遊戲著重在學生對含有「百、千、萬」數字成語的認識，教師可評估學生對這方面的成語熟悉度，請學生先回家蒐集後牢記，以免遊戲無法完成。

2. 在擲骰子前老師可以先說明，如果出現很難有的答案，例：「千」和「千」，或是「百」和「萬」時，可以重擲。

3. 遊戲方式也可以改由老師擲骰子，各組派代表同時在黑板上寫出答案，看一分鐘內可以寫出多少個答案。

4. 比賽時，尚未輪到的學生可以在下面拿出預先蒐集的成語資料熟記，或刪去黑板上已有的答案，避免他們在下面無事可做，但上台比賽時，不可將資料拿到台上去參考。

5. 骰子不要製作太小，最好讓台下的學生也可看得到骰子上的字。老師也可只用一顆骰子，遊戲時，讓學生丟擲兩次即可。

6. 有些學生慌亂時會亂造成語，如：「百萬豪宅」，老師要辨別出來並告知學生。

7. 若要寫出「百、千、萬」其中一個數字的成語，學生如果寫出類似「千篇一律」含有「千」及「一」兩個數字時，算得分，因為是以「千」為主的成語。

8. 學習單猜成語的答案：a.一字千金 b. 一本萬利

語文變聲 show

學習單二　　成千上萬

一、小朋友，下面每個圖片都代表著一句成語，請你猜一猜，將
　　答案寫出來，並且用這句成語造一個句子。

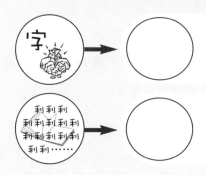

二、小朋友，發揮你的想像力，想一個含有「百、千、萬」的成
　　語，並用圖案表現出來。

: 鄉喜

學習評量	能想出含有百、千、萬數字的成語，並運用於句中。
我的成績	□一級棒　　□還不錯　　□已做到　　□需加油

活動三

成語加減法

◎適用年級：高年級。

◎活動目標：認識數字成語的意義。

◎活動準備：

　　1.準備十張「數字成語卡」（成語中需有兩個數字），例如：數

　　　一數二、朝三暮四。（可參考教學資源庫）

　　2.大骰子一個。

　　3.「成語填填樂」學習單每生一張。

　　4.相聲仿作學習單。

　　5.「數一數二」相聲稿子。

◎活動時間：四十分鐘。

◎活動內容：

　　1.暖身活動：成語加減法

　　a.遊戲一：每組派一位代表到前面抽取「數字成語卡」，把

　　　成語卡裡的兩個數字加起來，根據它的「和」想出一個數

　　　字成語，例如：接二連三，二加三是五，所以可以答「五

　　　體投地」，在十秒內答出，得一分。（抽過的成語卡可重

　　　複抽，但答案不可重複。）

b.遊戲二：每組依序派一位代表到講台擲骰子兩次，把兩次擲的數字相減，根據它的「差」想出一個數字成語。例如：擲出六和三，六減三是三，所以可以答「三生有幸」。（在限時內答出，得一分。）

c.統計各組的得分，宣布遊戲的優勝者。

2.語文活動

a.請學生說說遊戲中的成語有什麼共同的地方？（都有數字）

b.說一說這些成語的意思，可以怎麼用？

c.請學生上台表演相聲「數一數二」（看稿子），說一說聽到了哪些數字成語，哪些成語誤用了？

3.語文評量

發下「成語填填樂」學習單，根據橫的和直的提示，完成填字遊戲。

◎延伸活動：

發下相聲仿作學習單，讓學生仿作後再上台表演。

Teacher's Notes

1. 這個遊戲著重在小朋友對成語意思的認識，雖以趣味性爲主，但在各組推選代表時，需要有適度的規定，讓每一個孩子都有參與的機會。

2. 進行遊戲時，如果孩子答出的成語中有一個數字以上的成語也可以過關。

3. 製作「數字成語卡」的題目時，老師可以選擇數字加起來的「和」有較多答案的成語來命題，例如：四分五裂，答案有：九天仙女、九牛一毛、三教九流、十拿九穩、一言九鼎。

4. 老師在出題時，要避免成語的數字「和」超過十，使得學生無法回答。

5. 學習單的內容需要集思廣益，可以小組討論的方式進行解題，也可當成家庭作業，親子同樂。

6. 成語填填樂解答：

1.十	(一)數	2.一	數	3.二	※
拿	※	五	※	話	※
(二)九	牛	(三)一	毛	不	4.拔
穩	※	十	※	說	十
※	※	(四)萬	無	一	失
(五)名	噪	一	時	※	五

_____年_____班_____號_____

小朋友，你知道數字成語的意義嗎？請你根據「橫題」與「直題」所給予的提示，完成下面的填字遊戲。（※不必填字）

橫的提示：

(一) 形容最優等的，在團體中的表現是在最前面的，成語裡有兩個字是一樣的。

(二) 用來比喻多數中的極少數，成語中有「牛」字。

(三) 形容人吝嗇到了極點，連一根毛都捨不得拔。

(四) 計畫得很周詳，一定不會出錯。

(五) 在某一段時間內非常出名。

1.	(一)	2.	數	3.	※
	※		※		※
(二)	牛	(三)			4.
	※	十	※		
※	※	(四)			失
(五)	噪			※	

直的提示：

1.比喻很準確或非常有把握，成語中有「十」字。

2.比喻把事情從頭至尾詳細說出，無遺漏，成語裡的四個字都是數字。

3.表示乾脆、爽快，沒有第二句話。

4.選拔人才時，如果十個人中，即使五人不合格，尚可得一半真才，成語裡有兩個數字。

學習評量	能根據成語的意思，完成成語填字遊戲。
我的成績	□百發百中　□十之八九　□拔十失五　□三三兩兩

Q1：這個單元所提到的「成語」是如何定義的呢？我們常說的「五十步笑百步」可以算是成語嗎？

A1：根據教育部國語辭典簡編本（網路版）的定義——「成語：指一種語言中簡短有力的固定詞組，可作為句子的成分。形式不一，以四言為主。一般而言都有出處來源，與引申的比喻義，而非單純使用字面上意思。如『矛盾』、『綿裡針』、『勢如破竹』、『篳路藍縷』、『夜郎自大』等。在文章的精要處加用成語，可使內容更有說服力。」依此定義，「一傳十十傳百」、「五十步笑百步」、「十萬八千里」都是成語，但是「三角戀愛」、「百萬豪宅」、「萬里長城」、「三七二十一」「四四方方」、就不屬於這個範圍了。當活動中出現令師生疑惑的成語時，可以先保留，再利用空檔時間查成語典來確定。

Q2：學生在寫相聲仿作時，會穿插一些 5396（我先走囉）、2266 等在段子裡，要不要糾正呢？

A2：相聲的編寫需要有一些趣味來吸引聽眾（觀眾）的注意力，如果學生運用一、兩個雖然不是成語，但是卻能引起聽眾

（觀眾）共鳴，產生「笑」果的數字，倒也無傷大雅。

Q3：學生在暖身遊戲時參與得很熱烈，提出了許多的數字成語，但是他們在遊戲後，真的能達到增進對成語的認識，並運用這些成語的目標嗎？

A3：遊戲的設計主要是引起學生對語文學習的興趣，最終的目標還是理解和運用。所以暖身活動的時間要掌控好，在之後的語文活動時能花一些時間解釋及討論學生提出的成語，是很重要的。

三、相聲仿作
粉墨登場說相聲

　　小朋友，聽完了這一段相聲，你是不是對其中的數字成語有深刻的印象呢？如果是你來說相聲，你會運用哪些數字成語？現在就有一個讓你大展長才的機會，快來試試吧！

甲：我發現，人們說話經常習慣使用成語，而這成語當中又夾帶有大量的數目字。

乙：數目字？一二三四五六七八九十啊？

甲：對！從一到十，幾乎數目字全用上啦！

乙：是嗎？你舉個例子？

甲：比如說帶一的：「＿＿＿＿＿＿＿＿＿＿」、「＿＿＿＿＿＿＿＿＿＿」、「＿＿＿＿＿＿＿＿＿＿」、「＿＿＿＿＿＿＿＿＿＿」、「＿＿＿＿＿＿＿＿」……

乙：帶二的？

甲：「＿＿＿＿＿＿＿＿＿」、「＿＿＿＿＿＿＿＿＿」。

乙：噢！三？

甲：「＿＿＿＿＿＿＿＿」、「＿＿＿＿＿＿＿＿＿＿」、「＿＿＿＿＿＿＿＿」、「＿＿＿＿＿＿＿＿」！

乙：「_____」？

甲：這不算！

乙：你得說成語！四？

甲：四……「_____」

乙：五？

甲：「_____」！

乙：六？

甲：「_____」！

乙：七？

甲：「_____」！

乙：八？

甲：「_____」！

乙：九？

甲：「_____」！

乙：十？

甲：「_____」！

乙：喝！從一到十，真不少哇！

四、教學資源庫

教學資源提供老師教學時參考用，老師也可在空白處加入自己的答案。

類別	只含一個數字的成語	含兩個數字的成語		含三個數字以上的成語
含數字一到十的成語	一帆風順 一馬當先 一舉成名 一鳴驚人 一笑置之 一步登天 一毛不拔 一技之長 一無是處 一本正經 不可一世 付之一炬 目空一切 各執一詞 首屈一指 不二法門 兩敗俱傷 兩全其美 入木三分 三陽開泰 三思而行 孟母三遷	半斤八兩 一知半解 一舉一動 一板一眼 一朝一夕 一心一意 一心二用 一清二楚 一乾二淨 一舉兩得 獨一無二 一石二鳥 一箭雙鵰 一刀兩斷 一波三折 一目十行 舉一反三 一曝十寒 接二連三 二八佳人 三言兩語 三心二意	三教九流 四分五裂 四面八方 四通八達 四平八穩 五顏六色 五臟六腑 五花八門 五光十色 六六大順 七手八腳 七嘴八舌 七零八落 七折八扣 七上八下 亂七八糟 九牛一毛 九死一生 九牛二虎 九五之尊 十拿九穩 十全十美	一五一十 三三兩兩 十有八九

語文變聲 show

類別	只含一個數字的成語	含兩個數字的成語		含三個數字以上的成語
含數字一到十的成語	三生有幸 三顧茅廬 三人成虎 四海為家 四面楚歌 五里霧中 五體投地 五福臨門 學富五車 六親不認 六神無主 身懷六甲 七竅生煙 才高八斗 八面玲瓏 八仙過海 一言九鼎 十惡不赦	推三阻四 朝三暮四 三五成群 三頭六臂 三姑六婆		
含有百、千、萬數字的成語	百折不撓 百步穿楊 百口莫辯 百尺竿頭 醜態百出 流芳百世	百無一用 殺一儆百 掛一漏萬 百依百順 百發百中 百戰百勝	千嬌百媚 千方百計 千錘百鍊 千呼萬喚 千頭萬緒 千山萬水	一傳十十傳百 五十步笑百步 十萬八千里 千千萬萬

類別	只含一個數字的成語	含兩個數字的成語		含三個數字以上的成語
含有百、千、萬數字的成語	千里迢迢 千夫所指 千載難逢 千里鵝毛 大千世界 各有千秋 志在千里 萬劫不復 萬籟俱寂 遺臭萬年 瞬息萬變 包羅萬象 鵬程萬里 萬世師表 數以萬計	一日千里 一落千丈 一字千金 一本萬利 千篇一律 千鈞一髮 千金一擲 千慮一得 千瘡百孔 千奇百怪	千辛萬苦 千真萬確 千言萬語 千變萬化 成千上萬 萬無一失 萬紫千紅 萬無一失 萬眾一心	

第 5 章

字的加減
認識形似字

一、聽相聲
字的加減

甲：我們學任何東西，都要勤於動腦，認眞研究。

乙：對！這樣才能學得好，學得快！

甲：像我，以前最討厭國語課學生字啦！

乙：爲什麼？

甲：國字筆畫多，記不住啊！

乙：那怎麼辦？

甲：我就動腦筋想啊，最後！果然給我找出祕訣了！

乙：是啊？你有什麼高招？

甲：我發現國字，不能一個一個的記！

乙：那應該？

甲：一串一串的吃！

乙：啊？一串一串的吃？串燒啊？

甲：對！可以這麼說。

乙：你把我給搞糊塗了！國字怎麼會是「串燒」呢？

甲：你見過串燒嗎？

乙：就是一根竹籤上串著好幾樣東西，什麼肉片、培根啦、青椒
　　啊、豆乾……

甲：對啦！國字就跟那東西一樣！

乙：是嗎？

甲：比如，我選一個字當竹籤！

乙：哪個字？

甲：「馬」！騎馬打仗的馬！

乙：「馬」？

甲：這竹籤上，我給他串上一個「女」字！

乙：這是？

甲：一個女字加一個馬字，這是個「媽」字！媽媽的「媽」！

乙：噢！

甲：我又在竹籤上，串一個「口」字！

乙：這是？

甲：你好嗎的「嗎」！再串上一條「虫」！

乙：我知道！這是螞蟻的「螞」！

甲：對！再串一塊「石」頭！

乙：那是號碼的「碼」！

甲：嘿嘿！你懂啦？

乙：懂了。

甲：那這「串燒」就算成了！

乙：真不錯！

甲：你吃吧！

乙：好！我……我吃？吃不了！能吃嗎？又是石頭又是蟲！

甲：這是一個記國字的捷徑！根據這個原理繼續研究，我還創作出很多字謎！

乙：字謎？這有意思！我最會猜字謎了！

甲：是嗎？不過，我的字謎與眾不同！

乙：你那字謎有什麼特點？

甲：我這字謎，也是一串一串的！一般人猜不到，你最好也別猜！

乙：「串燒」字謎呀？這種謎我倒沒猜過，一定得試試！

甲：想開開眼界？那好吧！我出個題給你猜，你可注意囉！

乙：我洗耳恭聽！

甲：……（指著自己和乙）

乙：你出題啊？

甲：出完啦！

乙：沒有啊！

甲：你沒注意！

乙：你沒說話啊！

甲：不用說話！「你我」在這兒，大家一看，那就是一個謎題，猜一個字。

乙：什麼字？

甲：「天」！

乙：怎麼是「天」？

甲：「天」怎麼寫？

乙：一個「二」、再一個「人」！

甲：對啦！你我，不就「二人」嗎？

乙：喔！「二人」，是個「天」字！好！你再出一題！

甲：這題啊……跟前面那題一樣！還是「你我」！

乙：那是「天」！

甲：錯！

乙：不是「天」？

甲：是「夫」！

乙：什麼「夫」？

甲：丈夫的夫──「二人」！

乙：喔！……欸！「夫」，他那「人」要出頭啊！

甲：沒看見我這兒伸著脖子嗎？

乙：啊？這……再來！

甲：還來？你勇氣不小！

乙：廢話少說！你出題吧！

甲：還是那題，就「你我」，猜吧！

乙：是「夫」！

甲：錯！

乙：也是「天」！

甲：錯！

乙：那是？

甲：「仁」！忠孝仁愛的「仁」！

乙：啊？

甲：也是二人！不過「二」字搬家了！嘿嘿！

乙：唉！這可太氣人了！再來！

甲：再來？你還是猜不到！題目一樣，「你我」！

乙：是「仁」！是「天」！也是「夫」！對不對？

甲：錯！是「倆」！

乙：倆？

甲：「你我」，兩人嘛！倆！

乙：這……嗯……真是！氣死我了！

甲：哎！猜個謎把你氣死了那又何必呢？算了！到此為止吧！別
　　猜了！

乙：不！你再出！我就不信這次還猜不到！

甲：非要猜？那……還是那題吧！「你我」！

乙：是「倆」！

甲：錯！

乙：「仁」？「天」？「夫」？

甲：錯呀！

乙：不是「倆」不是「仁」不是「天」也不是「夫」！那是什
　　麼？

甲：是「大」！

乙：「大」？

甲：大小的大！

乙：這⋯⋯不對！這「大」字，是一人呀！

甲：是呀！

乙：「你我」有兩個人啊！

甲：不！「你我」只有一個人！

乙：那爲什麼？

甲：你氣死啦！

乙：啊？嘻！

　　本相聲段子把國字比喻成「串燒」，利用竹籤（部件）結合不同的材料（偏旁），組成一串串不同的文字串燒。寓教於樂中，讓學習者了解，在國字的學習上，可以將國字拆解，利用學過的或已知的部件，加上不同的偏旁，組成不同的新字。孩子在容易了解、掌握及記憶的語境下，能夠較有系統的學習，即使筆畫多的字，學來不但不難，而且樂趣多多。

　　在段子的後半部「串燒」字謎的出現，更是令人耳目一新，原來相同的兩個部件，也可以組成不同的字（如：二人→天、夫、仁）。雖然，本段子在字的拆解上，呈現出部件的牽強與謬誤，但其所營造出來的「笑果」，點出了文字組合過程中多種可能的趣味，放在相聲段子裡，應該是無傷大雅的。

二、學語文

(一) 教學主題說明

　　中國的文字在結構上有其特性，即相同的部件配上不同的偏旁可以組成不同的字，因而形成字形相似而意義迥然不同的字，例：泡、跑、抱，相同的部分「包」，即為部件；不同的部分「水、足、手」，即為偏旁。本教學活動旨在引導學生觀察及了解字的部件元素，並進一步能組合不同的部件認識新的字。

(二) 單元目標

　　認識字體的結構。

(三) 活動目標

　　1.分辨「形似字」的部件與偏旁。

　　2.認識字的結構。

　　3.認識字體結構及意義的不同。

(四) 學習活動

　　活動一：採花蜜。（適用低年級）

　　活動二：七拼八湊。（適用中年級）

　　活動三：深情密碼。（適用高年級）

（五）學習評量

1.能寫出「形似字」的相同部件與不同偏旁的組合。

2.能利用部件的增減另組一字。

3.能利用字的部件組成新字，並寫出創意短句。

活動一

採花蜜

◎**適用年級**：低年級。

◎**活動目標**：分辨「形似字」的部件與偏旁。

◎**活動準備**：

1.部件相同的字卡組兩組（嗎、媽、螞）、（跑、炮、泡）。

2.黃色部件卡五張（可、也、支、少、果）。

3.紅色部件卡十張（口、水、人、火、足、手、金、頁、木、言）。

4.每組白板、白板筆各一。

5.背景音樂，如「小蜜蜂」。

6.「採花蜜」學習單每生一張。

7.相聲 CD。

◎**活動時間**：四十分鐘。

◎活動內容：

1.暖身活動：聽相聲 CD

a.全班討論這個相聲段子哪些字有相同的部分？

b.老師提問：「二」、「人」可組成哪些答案？爲什麼？

2.語文活動一

a.老師將相同部件的字揭示在黑板（嗎、媽、螞），討論這
三個字相同的地方在哪裡？

b.老師揭示另一組相同部件的字卡（跑、抱、泡），請學生
回答這三個字相同的地方在哪裡？

c.老師與學生共同腦力激盪，還有哪些字也有相同的地方？

3. 語文活動二：採花蜜

a.找五個人當蜜蜂，手上拿黃色部件卡；找十個人當花蜜，
手上拿紅色部件卡。

b.播放「小蜜蜂」背景音樂，當蜜蜂的人要去找花蜜，被找
到的花蜜要到這隻蜜蜂的背後依序排隊。音樂暫停時，老
師引導全班看看每一隻蜜蜂採到的花蜜對不對，並正確念

出組合後的字。

　c.更換其他的學生，再進行步驟 a、b。

　d.老師將部件卡全部張貼在黑板上，進行組合，並請學生大
　　聲讀出。

　e.說明黃色卡是相同的部件，紅色卡為不同偏旁。

3.語文評量

　發下「採花蜜」學習單，想一想，並找出「形似字」可以怎
　樣組合。

Teacher's Notes

1.老師以音樂的進行與暫停，來指揮遊戲進行的開始與結束。

2.製作「採花蜜」遊戲之部件卡時，宜將字寫在較厚的紙上，
　也可利用竹筷子以透明膠帶在背面固定，方便學生手持。

3.「採花蜜」遊戲的背景音樂，可選擇其他節奏明快的音樂，
　也可以請學生用唱歌的方式代替。

4.老師可將「相同部件」及「不同偏旁」的名稱讓學生知道，
　但不要強求一定要記住這樣的專有名稱。

5.學習單的第一大題，學生的答案超過兩個時，老師可讚賞學
　生的想法，並請他自行加上（　）號書寫。學生的答案可能
　有：吔、她、池；叮、釘、汀、打。

學習單一　採花蜜

＿＿＿年＿＿＿班＿＿＿號＿＿＿＿＿＿＿

一、連連看，請幫蜜蜂找合適的花朵，組成一個字（答案不只有一個），寫在下面的表格中：

「也」：（ ）、（ ）	「丁」：（ ）、（ ）

二、分分看，將下列有相同部分的字放在同一組，再寫出相同部分的地方：

拍、吹、怕、場、泊、歌、湯、陽、次
1.（ ）（ ）（ ）→這三個字相同的地方是（ ）
2.（ ）（ ）（ ）→這三個字相同的地方是（ ）
3.（ ）（ ）（ ）→這三個字相同的地方是（ ）

學習評量	能寫出「形似字」的相同部件與不同偏旁的組合。
我的成績	□一級棒　□還不錯　□已做到　□需加油

活動二
七拼八湊

◎**適用年級**：中年級。

◎**活動目標**：認識字的結構。

◎**活動準備**：

　　1.字謎題目卡五張。（見 Teacher's Notes）

　　2.每組白板、白板筆各一。

　　3.「七拼八湊」學習單每生各一張。

　　4.相聲 CD。

◎**活動時間**：四十分鐘。

◎**活動內容**：

　　1.**暖身活動：聽相聲 CD**

　　　a.請學生找出段子中有相同部件的字，如：馬＋女＝媽，馬
　　　　＋虫＝螞；或字謎，如：二人為天、夫。

　　　b.老師說明文字串燒、增減的方法。

　　2.**語文活動**

　　　a.老師逐一揭示字謎題目卡，由全班同學搶答。

　　　b.老師將字謎答案寫在黑板上，以數學加法的算式拆解該
　　　　字。（例：露＝雨＋路）

c.老師再利用字謎答案，進行文字加減混合算式組合出題（例：露－路＋令＝零），每組以五分鐘為限，哪一組想出的題目最多即獲勝。

3.語文評量

發下「七拼八湊」學習單，引導學生利用字的部件組成形似字。

◎延伸活動

發下相聲仿作學習單，引導學生利用部件的組合，完成相聲仿作。

Teacher's Notes

1.字謎參考題目：我的心是白色的（謎底：怕）、小雨下在馬路上（謎底：露）、國王的新衣（謎底：裙）、山下的石頭（謎底：岩）、門裡有個大嘴巴（謎底：問）、茶几旁邊有塊肉（謎底：肌）

2.設計字謎題目卡時，老師可配合國語課本生字出題，更能加強生字學習效果。

3.老師在出字謎時，答案最好能兼顧上下雙拼與左右雙拼的字。

4.可依據教學情況、學生年齡及程度調整字謎題數、類別、難易及長短。

_____年_____班_____號_____

一、請利用加法為下面的字找到「字的家族」

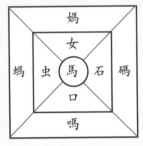

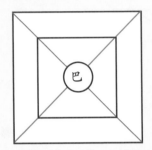

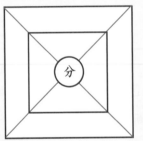

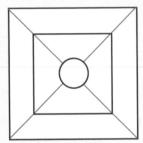

二、做做看完成下列算式：（9 到 12 題自己出題）

1. 碑－石＋月＝(　　　　　)　　　7. 蓉－艸＋木＝(　　　　　)

2. 慢－心＋水＝(　　　　　)　　　8. 避－辵＋刀＝(　　　　　)

3. 芳－艸＋言＝(　　　　　)　　　9._____

4. 彼－彳＋衣＝(　　　　　)　　　10._____

5. 棕－木＋米＝(　　　　　)　　　11._____

6. 擔－手＋肉＝(　　　　　)　　　12._____

學習評量	能利用部件的增減另組一字。
我的成績	□一級棒　　□還不錯　　□已做到　　□需加油

活動三

深情密碼

◎**適用年級**：高年級。

◎**活動目標**：認識字體結構及意義的不同。

◎**活動準備**：

　　1.密碼卡七張：丁、目、金、口、人、田、酉

　　2.「深情密碼」學習單每生一張。

　　3.每組白板、白板筆各一。

　　4.相聲CD。

◎**活動時間**：四十分鐘。

◎**活動內容**：

　　1.**暖身遊戲**：聽相聲CD。

　　　a.說一說，段子中的「文字串燒」是什麼意思？請舉例說
　　　　明。（答案參考Teacher's Notes）

　　　b.可以快速的記住文字除了使用「文字串燒法」之外，還有
　　　　什麼方法也可以達到快速認識文字呢？（答案參考
　　　　Teacher's Notes）

　　2.**語文活動**

　　　a.老師將準備的密碼卡張貼在黑板上。

b.全班共同討論這些密碼卡以「文字串燒」的方法，可以組
成哪些字？（答案參考 Teacher's Notes）

c.密碼高手小組競賽：使用小白板將密碼卡所組出的字寫成
句子，寫出的句子中用到最多密碼的小組獲勝。

d.小組發表：必須將句子中的密碼字特別標示出來。例如：
他孤苦伶「仃」，又到處碰「釘」子。

3.語文評量

學生練習學習單，並上台分享。

◎延伸活動

重聽相聲段子「字的加減」，引導學生利用相同的部件，結
合不同的偏旁，組成形似字，完成相聲仿作。

Teacher's Notes

1. 「文字串燒」指的是一個部件當作竹籤，例如：以「馬」作為竹籤，再串上「女」，就成為「媽」，串上「虫」就成為「螞」。

2. 快速記住字的方法，除了使用「文字串燒」的方法外，也可以使用「猜字謎」的方式，或是使用「同部首」成為字的家族。

3. 密碼卡可以組成的字有：釘、叮、盯、酊、仃、佃、鈿、釦。

4. 如果學生程度較佳，老師可以利用教學資源庫，增加密碼的數量，也可以各小組使用不同的密碼，這樣學生可以學到更多不同部件的組字。

5. 老師可視學生程度進一步做文章寫作的訓練，讓學生將所組成的句子，組合成為有情節性的短文。

學習單三　深情密碼

　　請利用字的部件觀念，將下列親情篇和友情篇的密碼解出來。但是，真正的高手是要能夠完成創意篇密碼設定喔！（可參考字詞典，也可討論）

一、親情篇密碼：A.艮　1.木　2.足　3.心　4.疒　5.金

密碼短句：我 A2 你本是同 A1 生，不要為了幾兩 A5，而心生 A3
　　　　　意，壞了親情，產生裂 A4。

解碼高手：①　　　②　　　③　　　④　　　⑤

二、友情篇密碼：B.包　1.手　2.足　3.肉　4.水　5.火

密碼短句：二人三腳比賽 B2，B1 住肩膀，槍 B5 一響，兩人像
　　　　　雙 B3 胎，同心協力，腳才不會起水 B4。

解碼高手：①　　　②　　　③　　　④　　　⑤

三、創意篇密碼：C.　　1.　　2.　　3.　　4.　　5.

密碼短句：

解碼高手：①　　　②　　　③　　　④　　　⑤

學習評量	能利用字的部件組成新字，並寫出創意短句。
我的成績	□內容有創意　□句子通順　□再用點心　□需加油

教學現場Q & A

Q1：要如何對學生說明「部件」和「偏旁」？

A1: 在國字的結構中，我們把一個國字當作一個整體，這個整體由若干部分組成。簡單的說，「部件」就是組成一個字的各部分零件。例如：「嘴」的部件有「口」、「此」、「角」。只有一個字的時候，是只有「部件」而沒有「偏旁」存在的。「偏旁」的存在需要有兩個字以上做對照比較。所以，「偏旁」是指字和字對照比較時，扣除相同部件後剩下的部分。

Q2：偏旁就是一般人所說的部首嗎？

A2：不是的，「偏旁」是指字和字對照比較時，扣除相同部件後剩下的部分。一般人認為偏旁就是部首，那是錯誤的。

如：媽、嗎、螞三字比較後偏旁是女、口、虫，剛好是部首；而家、宜、客，比較後偏旁是豕、且、各，並非部首。

Q3：偏旁的位置一定在字的左邊或右邊嗎？

A3：偏旁不一定在字的哪個位置。如：家、宜的偏旁就是在字的下面。

三、相聲仿作
粉墨登場說相聲

_____ 年 _____ 班 _____ 號 _____

　　小朋友，聽完了相聲「字的加減」，你是不是對字的結構有更深刻的了解？如果是你來說相聲，你會運用哪些相同的部件和不同的偏旁組合成形似字呢？現在就請你動動腦，大顯身手一番吧！

甲：國字就像串燒一樣，比如，我選一個字當竹籤！

乙：哪個字？

甲：「_____」！_____的「_____」！

乙：「_____」？

甲：這竹籤上，我給他串上一個「_____」字！

乙：這是？

甲：一個「_____」字加一個「_____」字，這是個「_____」！_____的「_____」！

乙：噢！

甲：我又在竹籤上，串一個「_____」字！

乙：這是？

甲：_____的「_____」！再串上一（_____）

「＿＿＿」！

乙：我知道！這是＿＿＿＿＿＿＿＿＿的「＿＿＿」！

甲：對！再串一（＿＿＿）「＿＿＿」！

乙：那是＿＿＿＿＿＿＿的「＿＿＿」！

甲：嘿嘿！你懂啦？

乙：懂了。

＊（＿＿＿）內請填適當的單位量詞

四、教學資源庫

　　教學資源提供老師教學時參考用，老師也可以在空白處加入自己的答案。

ㄅ				
包	+	足	=	跑
		手	=	抱
		水	=	泡
		石	=	砲
		火	=	炮
		食	=	飽
白	+	手	=	拍
		心	=	怕
		木	=	柏
		人	=	伯
巴	+	艸	=	芭
		口	=	吧
		竹	=	笆
		广	=	疤
		月	=	肥
犮	+	手	=	拔
		足	=	跋
		金	=	鈸
		髟	=	髮
卑	+	人	=	俾
		女	=	婢
		石	=	碑
		禾	=	稗
		片	=	牌

ㄐ				
加	+	王	=	珈
		竹	=	笳
		艸	=	茄
		口	=	咖
兼	+	欠	=	歉
		言	=	謙
		女	=	嫌
几	+	月	=	肌
		食	=	飢
交	+	人	=	佼
		犬	=	狡
		糸	=	絞
		女	=	姣
		白	=	皎
		食	=	餃
		口	=	咬
		父	=	效
		木	=	校
己	+	言	=	記
		糸	=	紀
		心	=	忌

注音	基字	+	部件	=	結果
ㄅ	崩	+	足	=	蹦
			土	=	塌
	不	+	口	=	否
			木	=	杯
			土	=	坏
			血	=	盃
	卜	+	手	=	扑
			木	=	朴
			人	=	仆
	辟	+	辵	=	避
			玉	=	璧
			月	=	臂
			刀	=	劈
			艸	=	薜
			手	=	擘
	髟	+	犮	=	髮
			宗	=	鬃
			松	=	鬆
ㄆ	皮	+	水	=	波
			足	=	跛
			手	=	披
			土	=	坡
	平	+	禾	=	秤
			土	=	坪
			手	=	抨
			石	=	砰
			言	=	評
			心	=	怦

注音	基字	+	部件	=	結果
ㄑ	青	+	魚	=	鯖
			水	=	清
			言	=	請
			虫	=	蜻
	欠	+	口	=	吹
			兼	=	歉
			冫	=	次
	喬	+	車	=	轎
			木	=	橋
			女	=	嬌
			人	=	僑
			竹	=	簥
	區	+	馬	=	驅
			身	=	軀
			山	=	嶇
	爿	+	犬	=	狀
			土	=	壯
ㄒ	相	+	竹	=	箱
			水	=	湘
			心	=	想
			广	=	廂
	肖	+	水	=	消
			金	=	銷
			刀	=	削
			石	=	硝
			宀	=	宵
			人	=	俏
	咸	+	糸	=	緘
			水	=	減
			鹵	=	鹹

注音	聲符		偏旁		合成字
ㄇ	每	+	人 艸 雨 木	= = = =	每 莓 霉 梅
	馬	+	女 口 虫 石 四 丶	= = = = = =	媽 嗎 螞 碼 罵 馮
ㄈ	反	+	木 手	= =	板 扳
	乏	+	目 貝 石	= = =	眨 貶 砭
	分	+	目 口 糸 艸 气 酉	= = = = = =	盼 吩 紛 芬 氛 酚
ㄉ	耑	+	立 口 足 心	= = = =	端 喘 踹 惴
	氐	+	石 手 言 广 鳥	= = = = =	砥 抵 詆 底 鴟

注音	聲符		偏旁		合成字
ㄒ	襄	+	口 土 手	= = =	嚷 壤 攘
	向	+	食	=	餉
	血	+	卩 心 水	= = =	卹 恤 洫
	旬	+	言 歹 人	= = =	詢 殉 徇
	宣	+	王 艸 口 日	= = = =	瑄 萱 喧 暄
	昔	+	心 金 手 酉 人	= = = = =	惜 錯 措 醋 借
ㄓ	巽	+	辵 手 食	= = =	選 撰 饌
	兆	+	辵 足 手 木 人	= = = = =	逃 跳 挑 桃 佻

第一個表（左半）：

ㄉ	單	+	弓 人 心 示 女 虫	= = = = = =	彈 僤 憚 禪 嬋 蟬
	帝	+	糸 言 艸	= = =	締 諦 蒂
ㄊ	堂	+	目 虫 月	= = =	瞠 螳 膛
	它	+	馬 阜 土	= = =	駝 陀 坨
ㄋ	鳥	+	甲 牙	= =	鴨 鴉
	農	+	水 人 月	= = =	濃 儂 膿
ㄌ	立	+	人 手 竹	= = =	位 拉 笠
	令	+	丶 金 羽 耳 王 羊 雨	= = = = = = =	冷 鈴 翎 聆 玲 羚 零

第二個表（右半）：

ㄓ	主	+	馬 水 言 木 人 彳	= = = = = =	駐 注 註 柱 住 往
	隹	+	手 土 周 辵 虫 口 糸 心	= = = = = = = =	推 堆 雕 進 雖 唯 維 惟
	召	+	手 日	= =	招 昭
	爭	+	水 青 竹	= = =	淨 靜 箏
	支	+	木 肉 手	= = =	枝 肢 技
	占	+	水 米 广 石 手 王	= = = = = =	沾 粘 店 砧 拓 玷
	朮	+	辵 行	= =	述 術

ㄌ					ㄓ				
	闌	+	水艸木手	= = = =	瀾蘭欄攔	旨	+	手酉月	= = = 指酯脂
	樂	+	火金石	= = =	爍鑠礫	止	+	手艸足土	= = = = 扯芷趾址
	林	+	王水雨凡火	= = = = =	琳淋霖梵焚	ㄔ			
	里	+	厂犬口	= = =	厘狸哩	成	+	土言皿	= = = 城誠盛
ㄍ						車	+	阜辵	= = 陣連
	果	+	頁言木	= = =	顆課棵	出	+	糸黑手艸	= = = = 絀黜拙茁
	艮	+	金足彳木	= = = =	銀跟很根	差	+	手石足	= = = 搓磋蹉
	睪	+	手水	= =	擇澤	ㄕ			
	各	+	言口足木水糸	= = = = = =	詻咯路格洛絡	少	+	金火水手	= = = = 鈔炒沙抄
						市	+	木水	= = 柿沛
						束	+	心立	= = 悚竦

語文變聲 show

《	各	+	酉 火	=	酩 烙
	圭	+	口 虫 田 目	=	哇 蛙 畦 睚
	谷	+	欠 衣 水	=	欲 裕 浴
丂	可	+	人 水	=	何 河
	亢	+	舟 土 木 口 手	=	航 坑 杭 吭 抗
厂	旱	+	木 走 手	=	桿 趕 捍
	曷	+	口 水 艸 衣	=	喝 渴 葛 褐
	虎	+	口 王	=	唬 琥

ㄕ	是	+	頁 土 手	=	題 堤 提
	手	+	制 執 刲	=	掣 摯 摰
	勺	+	木 艸	=	杓 芍
	氏	+	糸 示	=	紙 祇
日	辱	+	耒 衣 糸	=	耨 褥 縟
ㄗ	子	+	女 人 字	=	好 仔 字
ㄘ	采	+	手 彡 足 目 糸	=	採 彩 踩 睬 綵
ㄙ	斯	+	手 水	=	撕 澌

一	疑	+	手 丷	= =	擬 凝
	由	+	水 金 禾 衣 采 木 手 虫	= = = = = = = =	油 鈾 釉 神 釉 柚 抽 蚰
	有	+	人 宀 貝 阜	= = = =	侑 宥 賄 郁
	央	+	心 禾 水	= = =	怏 秧 泱
	厭	+	土 面	= =	壓 魘
	酉	+	旨 水	= =	酯 酒
	堯	+	水 日 羽	= = =	澆 曉 翹
	羊	+	水 人 彳 示 羽 言	= = = = = =	洋 佯 徉 祥 翔 詳

ㄨ	王	+	水 犬	= =	汪 狂
	胃	+	言 水	= =	謂 渭
	畏	+	食 口 人	= = =	餵 喂 偎
ㄩ	月	+	日 月	= =	明 朋
	員	+	歹 阜 手	= = =	殞 隕 損

第 6 章

貽笑大方
一字多音

一、聽相聲
貽笑大方

甲：常言說得好：「一年之計在於春，一日之計在於晨。」

乙：嗯！這兩句話是鼓勵我們要趁早計畫未來！

甲：對！我雖然是個小學生，卻早已立定志向！

乙：是嗎？你有什麼志向？

甲：我將來要當個新聞主播！

乙：嗯！你條件不錯：字正腔圓！

甲：對！所以這次學校的校園電台招考主播，我就去報名啦！

乙：喝！勇氣可嘉！

甲：考試那天，主考官發給每人一張紙，上面寫著許多語句，得
　　一個個念給評審老師聽！

乙：那是透過即席念稿來測驗你們的語文實力！

甲：我一看，太簡單啦！那些字，沒有一個不認識我的！

乙：字認識你幹麼？你得認識字！

甲：反正我是勝券（ㄐㄩㄢˋ）在握！

乙：勝券（ㄑㄩㄢˋ）在握！

甲：等我念完，只見評審老師笑容滿面、大筆一勾！嘿嘿！

乙：你就入選了？

甲：我就出局了！

乙：啊？沒考上啊？

甲：怎麼？你覺（ㄐㄧㄠˋ）得很奇怪呀？

乙：我？「叫」得很奇怪？

甲：嗯！

乙：不！我是覺得很奇怪！

甲：覺（ㄐㄩㄝˊ）得？不對吧！你應該是覺（ㄐㄧㄠˋ）得奇
　　怪！

乙：我叫？我叫什麼叫？

甲：睡覺的「覺」嘛！

乙：啊？是！是睡覺的「覺」，不過──這裡得念（ㄐㄩㄝˊ）！

甲：噢！睡覺（ㄐㄩㄝˊ）？

乙：不！睡覺（ㄐㄧㄠˋ）！

甲：那還是覺（ㄐㄧㄠˋ）嘛！

乙：唉！跟這位！說不清楚了！

甲：哎呀！不管是覺（ㄐㄩㄝˊ）還是覺（ㄐㄧㄠˋ）！總而言
　　之呀──

乙：怎麼樣？

甲：我比你更好（ㄏㄠˇ）奇！

乙：呵呵──（笑聲）！你是馬啊？

甲：我！我怎麼會是馬？

乙：你好（ㄏㄠˇ）騎呀？

甲：奇！奇怪的奇！好（ㄏㄠˇ）奇！

乙：那是好（ㄏㄠˋ）奇！

甲：你念錯了吧！一個女、一個子明明就是好（ㄏㄠˇ）！怎麼
　　會是好（ㄏㄠˋ）？

乙：唉！這裡就得念好（ㄏㄠˋ）！

甲：好（ㄏㄠˋ）？那我問你，問候人，難道說「你好（ㄏㄠˋ）
　　嗎？」

乙：問候人，當然是說「你好（ㄏㄠˇ）嗎？」

甲：就是嘛！明明是好（ㄏㄠˇ）！怎麼念好（ㄏㄠˋ）？

乙：唉！我知道了！你沒考上，問題大概就出在念白字！

甲：我念白字？

乙：是啊！你懂不懂什麼叫「一字多音」？

甲：「一字多音」？什麼意思？

乙：就是有些字，雖然是同一個字，可是當它作用、意義不同
　　時，讀音就會改變！

甲：哦？哪些字？

乙：比如「好」這個字，「好」學生，這念「ㄏㄠˇ」！

甲：嗯！

乙：可是形容人用功學習，「好」學不倦，就得念「ㄏㄠˋ」！

甲：是嗎？

乙：愛「好」，不是愛「好（ㄏㄠˇ）」！

甲：喔！

乙：好人好事，不能說好（ㄏㄠˋ）人好（ㄏㄠˋ）事！

甲：那說「好（ㄏㄠˇ）人好（ㄏㄠˋ）事」？

乙：也不行！「好（ㄏㄠˋ）事」是形容人無事生非、愛管閒事！

甲：噢！意思不同了！

乙：是！要是念錯了，不但聽不懂還鬧笑話！

甲：怎麼呢？

乙：比如「聽音樂（ㄩㄝˋ），很快樂（ㄌㄜˋ）」你說成「聽音
樂（ㄌㄜˋ）很快樂（ㄩㄝˋ）」？

甲：快樂（ㄩㄝˋ）？

乙：「還（ㄏㄞˊ）沒還（ㄏㄨㄢˊ）錢！」你說成「還（ㄏㄨ
ㄢˊ）沒還（ㄏㄞˊ）錢！」

甲：還（ㄏㄞˊ）錢？呵呵──什麼叫（ㄏㄞˊ）錢呀？

乙：這不是鬧笑話嗎？

甲：哎呀！真是「聽君一席話，勝讀十年書」！

乙：客氣！

甲：果然，人生最樂，莫過於「教學相長（ㄔㄤˊ）」！

乙：嗯，啊？香腸？我還熱狗哩！

甲：又怎麼了？

乙：教學相長（ㄓㄤˇ）！

甲：不是長（ㄔㄤˊ）短的長（ㄔㄤˊ）嗎？

乙：是！不過教學相長（ㄓㄤˇ）是一句成語！長大、廠長……
　　這些都得念長（ㄓㄤˇ）！

甲：噢！長大、廠長都念長（ㄓㄤˇ）？咦？這麼說我把那句給
　　念錯了？

乙：哪一句？

甲：考試的時候有一句說，陳廠長（ㄓㄤˇ），我給念成陳廠長
　　（ㄔㄤˊ）……

乙：陳廠長（ㄔㄤˊ）？

甲：現在我明白啦！應該是：陳廠長（ㄓㄤˇ）！

乙：對！

甲：陳廠長（ㄓㄤˇ）長（ㄓㄤˇ）手長（ㄓㄤˇ）腳長（ㄓㄤˇ）
　　頭髮。

乙：嗯，啊？這位廠長（ㄓㄤˇ）原來沒手沒腳沒頭髮？還得重
　　新長出來啊？

甲：又不對？

乙：應該是：陳廠長（ㄓㄤˇ）長（ㄔㄤˊ）手長（ㄔㄤˊ）腳
　　長（ㄔㄤˊ）頭髮。

甲：對對對！怪不得，我一念完看大家笑得趴在地上！

乙：嗯！

甲：我還以為他們彎腰向我鞠躬表示讚美呢！

乙：別臭美啦！你呀！想當主播得好好充實語文常識！

甲：怎麼充實呢？

乙：乾脆這樣，我這裡有一本「一字多音」辭典，送給你！

甲：那怎麼好意思！

乙：你拿回去好好研究研究吧！

甲：謝謝！你這份友情我「沒（ㄇㄟˊ）齒難忘」！

乙：嗯？「沒（ㄇㄟˊ）齒難忘」？

甲：沒了牙齒，我都不忘！

乙：嘻！「沒（ㄇㄛˋ）齒難忘」！

甲：為了報答你──我請你吃飯！

乙：吃什麼？

甲：吃──刷刷鍋！怎麼樣？

乙：刷刷鍋？你刷刷牙去吧！涮涮鍋！

甲：噢？用涮涮鍋刷刷牙！

乙：用涮鍋刷牙？想燙死我？哼！不必！你少念錯字就算報答我
　　了！

甲：是！從今以後我一定發憤努力，不再念錯字──

乙：好！

甲：以免「貽（ㄊㄞˊ）笑大方」！

乙：啊？還是錯啦！

相聲放大鏡

　　這個段子是透過甲生和乙生以參加校園電台招考為題，說出在日常對話中經常出現念錯的字，像是勝券（ㄑㄩㄢˋ）在握，段子的後半段，則是透過甲生念錯字音來製造笑果，像是教學相長（ㄓㄤˇ）故意念成「ㄔㄤˊ」。最後則以「沒齒難忘」念成「沒」（ㄇㄟˊ）的笑料包袱，指出主題「貽笑大方」。

　　學生透過這個段子可以了解念錯字音會鬧笑話，而其中「長」、「好」、「還」、「樂」都是低年級學生熟悉的多音字（配合學習活動一：你捉得住我）。另外段子中隱藏多音字的成語則適合介紹給中、高年級的學生，可以練習多音字的造詞與造句（配合活動二：「它」是我兄弟），而相聲段子中利用多音字製造笑果，則可以讓高年級學生練習寫段短笑話（配合學習活動三：笑話一籮筐）。

二、學語文

（一）教學主題說明

　　中國字因時代的變遷，許多字有一字多音的念法，一字多音大致可分成以下數類：（一）正讀、又讀：以北京話為標準音稱為正讀，北京以外地區的讀音稱為又讀。（二）語音、讀音：讀書之音為讀音，口語之音為語音。（三）歧音異義：指一個字有兩個以上的讀音，而意義各不相同。（四）變調、變音：如一、七、八、不的變調，上聲連續變調、句末語助詞變音、儿化變音。（資料參考：《國語一字多音審訂表》，教育部，民八十八年。）

（二）單元目標

　　認識一字多音的正確念法及使用方法。

（三）活動目標

　　1.認識多音字並辨別多音字的用法。

　　2.運用多音字造詞並造句。

　　3.靈活運用多音字創作。

（四）學習活動

　　活動一：你捉得住我。（適用低年級）

　　活動二：「它」是我兄弟。（適用中年級）

　　活動三：笑話一籮筐。（適用高年級）

（五）學習評量

1.能辨識出正確的多音字。

2.能利用字典認識多音字並正確造詞造句。

3.能靈活運用多音字編寫笑話。

活動一

你捉得住我

◎適用年級：低年級。

◎活動目標：認識多音字並辨別多音字的用法。

◎活動準備：

1.多音字字卡：一、的、都、沒、樂、覺。

2.「你捉得住我」學習單每生一張。

3.相聲 CD。

◎活動時間：四十分鐘。

◎活動內容：

1.暖身活動：聽相聲 CD

a.討論段子中含有的多音字並書寫在黑板上。

b.說一說這些字有哪些不同的念法？怎麼念？

c.共同討論並提出多音字的

念法及相關語詞。

2.**語文活動一**

老師揭示多音字卡一、的、

都、沒、樂、覺，並說明其

發音。

「一」：一ㄧ二三到台灣，台灣有個阿里山。

我吃了一ㄧˊ塊蛋糕。

哥哥一ㄧˋ直打電腦。

「的」：美麗的˙ㄉㄜ校園裡，有非常多種類的花朵。

坐了很久的車，我們終於到達目的ㄉㄧˋ地。

「都」：台北是一個大都ㄉㄨ市。

我們都ㄉㄡ是小學生。

「沒」：我們是好學生，從來沒ㄇㄟˊ有缺交作業。

我上課玩鉛筆，老師沒ㄇㄛˋ收我的鉛筆。

「樂」：我最喜歡上音樂ㄩㄝˋ課。

快快樂樂ㄌㄜˋ上學，平平安安回家。

「覺」：午休時間到了，大家趕快睡覺ㄐㄧㄠˋ。

這件事令人覺ㄐㄩㄝˊ得很奇怪。

3.**語文活動二：蘿蔔蹲遊戲**

a.分組競賽：將全班分成一、的、都、沒、樂、覺六組蘿

葡。

b.對手必須不重複的喊出這些字的多音念法，例如：一蘿蔔
蹲，喊過一ˋ後要換喊一ˊ蘿蔔蹲，增加多音字練習機
會。

4. **語文評量：**

發下「你捉得住我」學習單，找出正確的語詞，並塗上顏色。

Teacher's Notes

1.低年級學生識字不多，但其中仍有些多音字的現象，老師可
以先不解釋多音字中如「一」、「七」、「八」、「不」的規
則，只讓學生了解有多音字的現象。

2.語文活動一中說明一字多音的例句，可事先製作好，以便在
上課時張貼，也可直接書寫在黑板上。

3.老師可配合課文生字自行設計多音字卡。

4.學習單答案

成為	漂亮	音樂	音樂	不要
和氣	回答	睡覺	種子	一個
沒收	和氣	成為	轉圈	目的
都市	還錢	種樹	答應	我的
快樂	還錢	沒收	有了	一個

學習單一　你捉得住我

你捉得住我嗎？　我有很多分身喔！　有時候，我可以念這個音，有時候，我可以念那個音喔！　下面表格中的語詞，有些是正確的，有些是錯誤的，請你將正確的音塗上顏色。

成為	漂亮	音樂	音樂	不要
和氣	回答	睡覺	種子	一個
沒收	和氣	成為	轉圈	目的
都市	還錢	種樹	答應	我的
快樂	還錢	沒收	有了	一個

塗完顏色後，這個圖形像什麼字呢？

答：像（　　　　　　　　）

學習評量	能辨識出正確的多音字。
我的成績	□一級棒 □還不錯 □已做到 □需加油

「它」是我兄弟

◎**適用年級**：中年級。

◎**活動目標**：運用多音字造詞並造句。

◎**活動準備**：

　　1.多音字卡：累、看、長、奇、背、吃、露、好、空、都、

　　　假、樂、喝、和、當。

　　2.每組白板、白板筆各一。

　　3.字典。（學生攜帶）

　　4.「它是我兄弟」學習單每生一張。

　　5.相聲 CD。

◎**活動時間**：四十分鐘。

◎**活動內容**：

　　1.**暖身活動：聽相聲** CD

　　　a.師生共同討論找出含有多音字的成語。

　　　b.說一說哪些字的音是錯誤的。

　　2.**語文活動**

　　　a.分組競賽，各組派代表抽取一張多音字卡。

　　　b.在白板上寫出這個字所有的音並造詞。

　　　　　　　　語文變聲 show

c.全班一起討論並統計得分，完成愈多且愈正確的小組得分
　　　愈高。

　　d.重複 a- c 步驟。

　3. **語文評量**

　　發下「它是我兄弟」學習單，利用字典找出多音字，並造
　　詞、造句。

◎**延伸活動**

　　小試身手，仿寫「貽笑大方」一小段相聲試試看。

Teacher's Notes

　1.學習單應鼓勵學生盡量利用字典找出不同於課本的多音字，
　　以加深加廣自我學習。

　2.多音字卡上的字，老師可配合課文生字加以更改。

　3.書寫學習單時，若找到的字有三個以上的讀音，可請學生挑
　　出兩個即可。

學習單二　「它」是我兄弟

_____年_____班_____號_____

　　小朋友，中國字中有很多字有兩個以上的發音，也就是「一字多音」。相信你在上課時，已經認識了很多。現在就請你再利用字典，找出其他「一字多音」的字，寫出注音並造詞，再利用語詞造句，完成學習單。

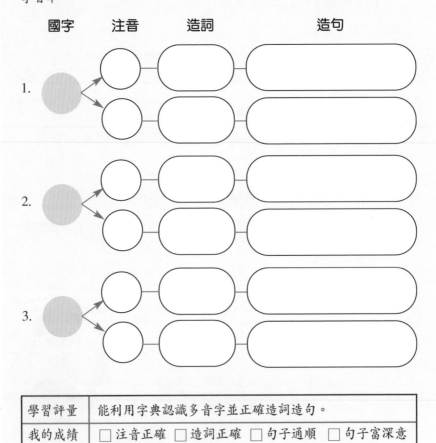

| 國字 | 注音 | 造詞 | 造句 |

學習評量	能利用字典認識多音字並正確造詞造句。
我的成績	□ 注音正確　□ 造詞正確　□ 句子通順　□ 句子富深意

活動三

笑話一籮筐

◎**適用年級**：高年級。

◎**活動目標**：靈活運用多音字創作。

◎**活動準備**：

　　1.每組白板、白板筆各一。

　　2.「笑話一籮筐」學習單每生一張。

　　3.相聲 CD。

◎**活動時間**：四十分鐘。

◎**活動內容**：

　　1.**暖身活動：聽相聲 CD**

　　　　a.小組在白板上寫出相聲中含有多音字的成語，並填上正確的注音。

　　　　b.討論成語中哪個字是多音字，有哪些讀音？

　　2.**語文活動：笑話一籮筐**

　　　　a.分組競賽，小組腦力激盪想出三組多音字，並造詞。

　　　　b.各組將討論的結果揭示在黑板上，師生共同檢討。

　　　　c.請每一組從想出的三組多音字中，至少利用其中一組多音字及其造詞來編寫一則笑話。

d.各組將討論的結果輪流揭示在黑板上，並請每一組派代表大聲念出編寫的內容。

　　e.輪流上台念完之後，師生共同檢討。

3. 語文評量

　　發下「笑話一籮筐」學習單，先利用多音字造詞後，再編寫一則笑話。

◎延伸活動

　　發下相聲仿作學習單，練習用「誤念」多音字的方式編寫一段相聲，並上台表演給同學欣賞。

Teacher's Notes

1.分組編寫笑話時，可以允許學生改變所選擇的多音字或改變多音字的造詞，使學生能順利產出笑話的內容。

2.各組代表上台念出笑話的內容時，宜引導學生要以說笑話的語氣來娛樂觀眾，最好不要看書寫的內容，直接以記憶的內容念出即可。

3.如果學生無法編寫出笑話時，可以相聲仿作活動替代。

學習單三　笑話一蘿筐

_____年_____班_____號_____

　　聽完「笑話一蘿筐」，大家都笑得樂不可支，現在你也來試試，利用多音字的誤用，編一則笑話吧！

一、請寫出二組多音字並造詞。

國字	注音	造詞

國字	注音	造詞

二、從上面二組的多音字及其造詞，利用一～二組來編寫一則笑話。

_____

_____

_____

_____

學習評量	能靈活運用多音字編寫笑話。			
我的成績	□一級棒	□還不錯	□已做到	□需加油

Q1：為什麼會有一字多音的現象？

A1：中國字中有一字多音的現象，通常是因為地域的不同，或者
　　是訛讀的影響，也有因為人類語言進步，文字不夠用產生字
　　音的改變。

Q2：老師在教學中對於一字多音有疑慮時，該如何解決？

A 2：教育部曾編纂有《一字多音審定表》一

　　書供老師參考，但因該書為民國八

　　十八年編纂，如需要最新的部分

　　可以上「教育部」網站點選「線

　　上電子辭典」就有「國字一字多

　　音審定表」可供查詢。

三、相聲仿作
粉墨登場說相聲

　　小朋友，聽完了這一段相聲，你是不是對其中描述一字多音所造成的笑話有深刻的印象呢？如果是你來說相聲，你會運用哪些一字多音來製造「笑果」呢？現在就有一個讓你大展長才的機會，快來讓大家一起開懷大笑吧！

甲：你聽過「一字多音」嗎？

乙：「一字多音」？什麼意思？

甲：就是有些字，雖然是同一個字，可是當它作用、意義不同
　　時，讀音就會改變！

乙：哦？哪些字？

甲：比如「沒」這個字，「沒」有，這念「　」！

乙：嗯！

甲：可是形容大水把東西給淹了，淹「沒」，就得念「　」！

乙：是嗎？

甲：「沒（　）收，不是「沒（　）收」！

乙：喔！

甲：是「沒心沒肺」，不是「沒（　　）心沒（　　）肺」！「沒沒
　　無聞」不是「沒（　）沒（　）無聞」！

乙：噢！非得照這樣念嗎？

甲：是！要是念錯了，不但人家聽不懂還鬧笑話！

乙：鬧笑話？這多好玩！我倒要試試看！

甲：好玩？比如我說「參加者參差不齊」。

乙：我偏說「參（　）加者參（　）差（　）不齊」！

甲：啊？我說「請大家排成一行行走」！

乙：我偏要「請大家排成一行（　）行（　）走」！

甲：什麼？呵呵……那我說，「在大樹下種下種子」。

乙：我偏要「在大樹下種（　）下種（　）子……」

甲：你？下種（　）？下的還是粽子啊？

乙：嘻！我下得出來嗎？

　　小朋友！找找看上文中用了哪些一字多音字？

　　請你利用其他多音字來造詞造句，把「沒」、「參」、「行」、「種」這幾個字代換掉，那麼你便有機會創造出新的笑料喔！

四、教學資源庫

教學資源庫提供老師教學時參考用，老師也可以在空白處加入自己的答案。

年級 類別	一	二	三	四	五	六
ㄅ	把 ㄅㄚˇ ㄅㄚˋ 背 ㄅㄟ ㄅㄟˋ 比 ㄅㄧˇ ㄅㄧˋ 不 ㄅㄨˋ ㄈㄡˇ ㄈㄡˇ	吧 ㄅㄚ ㄅㄚ˙ 伯 ㄅㄛˊ ㄅㄞˇ 百 ㄅㄞˇ ㄅㄛˊ	薄 ㄅㄠˊ ㄅㄛˊ 便 ㄅㄧㄢˋ ㄆㄧㄢˊ	傍 ㄅㄤ ㄅㄤˋ		暴 ㄅㄠˋ ㄆㄨˋ
ㄆ	泡 ㄆㄠˋ ㄆㄠ 炮 ㄆㄠˋ ㄅㄠ 漂 ㄆㄧㄠ ㄆㄧㄠˋ	旁 ㄆㄤˊ ㄅㄤˋ	匹 ㄆㄧˇ	鋪 ㄆㄨ ㄆㄨˋ		
ㄇ	沒 ㄇㄟˊ ㄇㄛˋ	埋 ㄇㄞˊ ㄇㄢˊ	冒 ㄇㄠˋ ㄇㄛˋ 悶 ㄇㄣˋ ㄇㄣ	磨 ㄇㄛˊ ㄇㄛˋ 莫 ㄇㄛˋ ㄇㄨˋ		
ㄈ	放 ㄈㄤˋ 風 ㄈㄥ ㄈㄥˋ	法 ㄈㄚˇ ㄈㄚ 分 ㄈㄣ ㄈㄣˋ	彷 ㄈㄤˇ ㄆㄤˊ	否 ㄈㄡˇ ㄆㄧˇ 番 ㄈㄢ ㄆㄢ		坊 ㄈㄤ ㄈㄤˊ
ㄉ	大 ㄉㄚˋ ㄉㄞˋ 答 ㄉㄚˊ ㄉㄚ 的 ㄉㄜ˙ ㄉㄧˋ 得 ㄉㄜˊ ㄉㄟˇ ㄉㄜ˙ 都 ㄉㄡ ㄉㄨ 肚 ㄉㄨˋ ㄉㄨˇ	待 ㄉㄞ ㄉㄞˋ 倒 ㄉㄠˇ ㄉㄠˋ 單 ㄉㄢ ㄕㄢˋ ㄔㄢˊ 當 ㄉㄤ ㄉㄤˋ	擔 ㄉㄢ ㄉㄢˋ 度 ㄉㄨˋ ㄉㄨㄛˊ			釘 ㄉㄧㄥ ㄉㄧㄥˋ
ㄊ		湯 ㄊㄤ ㄕㄤ 聽 ㄊㄧㄥ ㄊㄧㄥˋ 吐 ㄊㄨˇ ㄊㄨˋ	調 ㄊㄧㄠˊ ㄉㄧㄠˋ	彈 ㄊㄢˊ ㄉㄢˋ	挑 ㄊㄧㄠ ㄊㄧㄠˇ	
ㄋ	那 ㄋㄚˋ ㄋㄟˋ ㄋㄨㄛˊ 泥 ㄋㄧˊ ㄋㄧˋ	呢 ㄋㄜ ㄋㄧˊ 難 ㄋㄢˊ ㄋㄢˋ	南 ㄋㄢˊ ㄋㄚ		寧 ㄋㄧㄥˊ ㄋㄧㄥˋ	
ㄌ	樂 ㄌㄜˋ ㄧㄠˋ 了 ㄌㄜ˙ ㄌㄧㄠˇ	露 ㄌㄨˋ ㄌㄡˋ	累 ㄌㄟˋ ㄌㄟˇ ㄌㄟˊ 溜 ㄌㄧㄡ ㄌㄧㄡˋ 落 ㄌㄨㄛˋ ㄌㄚˋ ㄌㄠˋ 論 ㄌㄨㄣˋ ㄌㄨㄣˊ	勒 ㄌㄜˋ ㄌㄟ 量 ㄌㄧㄤˊ ㄌㄧㄤˋ 陸 ㄌㄨˋ ㄌㄧㄡˋ 率 ㄌㄩˋ ㄕㄨㄞˋ		瞭 ㄌㄧㄠˇ ㄌㄧㄠˋ

《	個 ㄍㄜˋ 告 ㄍㄠˋ 呱 ㄍㄨㄚ	各 ㄍㄜˋ 給 ㄐㄧˇ 乾 ㄑㄧㄢˊ 更 ㄍㄥ 過 ㄍㄨㄛ	觀 ㄍㄨㄢ ㄍㄨㄢˋ	供 ㄍㄨㄥ ㄍㄨㄥˋ 共 ㄍㄨㄥˋ	括 ㄍㄨㄚ ㄎㄨㄛˋ
ㄎ	可 ㄎㄜˇ 看 ㄎㄢ ㄎㄢˋ 空 ㄎㄨㄥ				
ㄏ	哈 ㄏㄚ ㄏㄚˇ 荷 ㄏㄜˊ ㄏㄜˋ 和 ㄏㄜˊ ㄏㄨㄛˋ ㄏㄨˋ 還 ㄏㄞˊ ㄏㄨㄢˊ 好 ㄏㄠˇ ㄏㄠˋ 會 ㄏㄨㄟˋ ㄍㄨㄟˋ ㄎㄨㄞˋ 紅 ㄏㄨㄥˊ ㄍㄨㄥ	合 ㄏㄜˊ ㄍㄜˇ 喝 ㄏㄜ ㄏㄜˋ	滑 ㄏㄨㄚˊ ㄍㄨˇ	號 ㄏㄠˊ ㄏㄠˋ 汗 ㄏㄢˋ ㄏㄢˊ 橫 ㄏㄥˊ ㄏㄥˋ 華 ㄏㄨㄚˊ ㄏㄨㄚˋ	混 ㄏㄨㄣˋ
ㄐ	家 ㄐㄧㄚ ㄍㄨ 結 ㄐㄧㄝˊ ㄐㄧㄝ 間 ㄐㄧㄢ ㄐㄧㄢˋ	幾 ㄐㄧ ㄐㄧˇ 假 ㄐㄧㄚˇ ㄐㄧㄚˋ 教 ㄐㄧㄠ ㄐㄧㄠˋ 句 ㄐㄩˋ ㄍㄡ 覺 ㄐㄩㄝˊ ㄐㄧㄠˋ	解 ㄐㄧㄝˇ ㄒㄧㄝˋ ㄐㄧㄝˋ 角 ㄐㄧㄠˇ ㄐㄩㄝˊ 禁 ㄐㄧㄣ ㄐㄧㄣˋ 將 ㄐㄧㄤ ㄑㄧㄤ		降 ㄐㄧㄤˋ ㄒㄧㄤˊ 倔 ㄐㄩㄝˊ ㄐㄩㄝ	繫 ㄐㄧˋ ㄒㄧˋ
ㄑ	奇 ㄑㄧˊ ㄐㄧ	切 ㄑㄧㄝ ㄑㄧㄝˋ 親 ㄑㄧㄣ ㄑㄧㄥˋ 區 ㄑㄩ ㄡ	且 ㄑㄧㄝˇ ㄐㄩ 曲 ㄑㄩ ㄑㄩˇ	茄 ㄑㄧㄝˊ ㄐㄧㄚ 強 ㄑㄧㄤˊ ㄐㄧㄤˋ ㄑㄧㄤˇ 圈 ㄑㄩㄢ ㄐㄩㄢˋ	翹 ㄑㄧㄠˊ ㄑㄧㄠˋ

ㄓ	著 ㄓㄨㄛˊ ㄓㄨˋ ㄓㄠ ㄓㄠˊ 正 ㄓㄥˋ ㄓㄥ 長 ㄔㄤˊ ㄓㄤˇ 轉 ㄓㄨㄢˇ ㄓㄨㄢˋ 種 ㄓㄨㄥˇ ㄓㄨㄥˋ 中 ㄓㄨㄥ ㄓㄨㄥˋ		掙 ㄓㄥ ㄓㄥˋ 重 ㄓㄨㄥˋ ㄔㄨㄥˊ	質 ㄓˋ ㄓˊ 朝 ㄓㄠ ㄔㄠˊ 召 ㄓㄠˋ ㄕㄠˋ 漲 ㄓㄤˇ ㄓㄤˋ	占 ㄓㄢ ㄓㄢˋ	徵 ㄓˇ ㄓㄥ
ㄔ	吃 ㄔ ㄐㄧ	差 ㄔㄚ ㄔㄞ ㄔㄚˋ ㄘ 查 ㄔㄚˊ ㄓㄚ 車 ㄔㄜ ㄐㄩ 乘 ㄔㄥˊ ㄕㄥˋ 傳 ㄔㄨㄢˊ ㄓㄨㄢˋ 創 ㄔㄨㄤˋ ㄔㄨㄤ	稱 ㄔㄥ ㄔㄣˋ 處 ㄔㄨˇ ㄔㄨˋ		衝 ㄔㄨㄥ ㄔㄨㄥˋ	
ㄕ	上 ㄕㄤˋ ㄕㄤˇ 說 ㄕㄨㄛ ㄕㄨㄟˋ	少 ㄕㄠˇ ㄕㄠˋ 什 ㄕㄣˊ ㄕˊ 石 ㄕˊ ㄉㄢˋ	蛇 ㄕㄜˊ ㄧˊ 盛 ㄕㄥˋ ㄔㄥˊ 數 ㄕㄨˋ ㄕㄨˇ ㄕㄨㄛˋ 省 ㄕㄥˇ ㄒㄧㄥˇ	食 ㄕˊ ㄙˋ ㄧˋ 扇 ㄕㄢˋ ㄕㄢ	施 ㄕ ㄧˋ 煞 ㄕㄚ ㄕㄚˋ 舍 ㄕㄜˋ ㄕㄜˇ ㄧㄝ 勺 ㄕㄠˊ ㄕㄨㄛˋ 勝 ㄕㄥ ㄕㄥˋ 署 ㄕㄨˇ ㄕˋ	屬 ㄕㄨˇ ㄓㄨˇ

ㄖ					任 ㄖㄣˊ ㄖㄣˋ	
ㄗ		作 ㄗㄨㄛˋ			載 ㄗㄞˇ ㄗㄞˋ	鑽 ㄗㄨㄢ ㄗㄨㄢˋ 縱 ㄗㄨㄥ ㄗㄨㄥˋ
ㄘ		參 ㄘㄢ ㄙㄢ 從 ㄘㄨㄥˊ ㄗㄨㄥ	藏 ㄘㄤˊ ㄗㄤ 曾 ㄘㄥˊ ㄗㄥ			
ㄙ		色 ㄙㄜˋ ㄕㄞˇ 掃 ㄙㄠˇ ㄙㄠˋ	思 ㄙ ㄙㄞ 散 ㄙㄢˇ ㄙㄢˋ		伺 ㄙˋ ㄘˋ 喪 ㄙㄤ ㄙㄤˋ	
ㄧ	葉 ㄧㄝˋ ㄕㄜˋ 要 ㄧㄠˋ ㄧㄠ	衣 ㄧ ㄧˋ	遺 ㄧˊ ㄨㄟˋ 燕 ㄧㄢˋ ㄧㄢ 應 ㄧㄥ ㄧㄥˋ	飲 ㄧㄣˇ ㄧㄣˋ		
ㄨ	午 ㄨˇ ㄏㄨㄛˇ	為 ㄨㄟˊ ㄨㄟˋ 文 ㄨㄣˊ ㄨㄣˋ		委 ㄨㄟˇ ㄨㄟ 亡 ㄨㄤˊ ㄨˊ		
ㄩ	雨 ㄩˇ ㄩˋ	於 ㄩˊ ㄨ 遠 ㄩㄢˇ ㄩㄢˋ	與 ㄩˇ ㄩˋ			
ㄜ				惡 ㄜˋ ㄜˇ ㄨˋ ㄨ		
ㄞ				艾 ㄞˋ ㄧˋ		
ㄦ	兒 ㄦˊ ㄋㄧ					

語文變聲 show

語出驚人 誇飾修辭

一、聽相聲
語出驚人

乙：現在由我們倆說一段相聲！

甲：不！每次都說相聲多沒創意？我們別說相聲了！

乙：不說相聲？那我們幹嘛？

甲：我們來進行一場比賽？怎麼樣？

乙：比賽？好呀！怎麼比？

甲：很簡單，我們一人一句，比比看誰能把自己說得比對方厲害！

乙：可以！你說比什麼吧？

甲：就比「說話」吧！

乙：說話呀！哼哼……我可比你厲害！

甲：別得意！我說話呀，比你高明！

乙：我比你更高明！

甲：我比你技高一籌！

乙：我比你高一籌，再加一籌！

甲：行了！別比了！

乙：怎麼啦？你認輸了？

甲：認輸？我懶得跟你比！你程度太差、語言太貧乏！只會跟我學，有什麼好比的？

乙：那應該怎樣？

甲：你得發揮想像力，把形象說得生動逼真，這樣才能展現出你在說話上的實力嘛！

乙：噢？還得說得活靈活現？好！那也沒問題！

甲：比賽就正式開始了！你先說！

乙：好！告訴你，我啊！我是說話高手！怎麼樣？

甲：你是說話高手？那我就是語言天才！

乙：我說起話來，口若懸河！

甲：我說起話來，滔滔不絕！

乙：我這張嘴好比連珠砲！

甲：我這張嘴賽過機關槍！

乙：我妙語如珠！

甲：我辯才無礙！

乙：我聲如洪鐘！

甲：我如雷貫耳！

乙：我用力一喊，喝！天搖地動哇！

甲：我輕輕一哼，嘿嘿！山崩地裂啦！

乙：地震啊？

甲：我厲害啊！

乙：再來！

甲：來吧！

乙：我在說話上可有功夫！

甲：那我在說話上就有絕招！

乙：你？你有什麼絕招？

甲：你有什麼功夫？

乙：我這功夫——只要我一開口說話，你就看到ㄅㄡ ㄅㄡ ㄅㄡ！哎喲！

甲：怎麼樣？

乙：從我舌頭上，一朵一朵往外冒蓮花啊！冒出的蓮花——鑽石的，光彩奪目、燦爛耀眼……

甲：舌頭上冒蓮花？還鑽石的？你這太誇張了！

乙：不誇張！我這是一句成語：舌燦蓮花！嘿！嘿！

甲：哼！哼！那你還是不如我！

乙：你有什麼絕招？

甲：我不開口便罷，一開口，哎呀！不得了！死人全從棺材裡蹦起來！

乙：啊？

甲：跳著街舞回家了！

乙：什麼？你能起死回生？

甲：嘿！嘿！這叫：語不驚人死不休！

乙：你別胡說啦！

語文變聲 show

相聲放大鏡

「誇飾」顧名思義，要能極盡誇張。誇張可以誇大，也可以是縮小，在本段子中，主要是以誇大的為主。透過段子中甲、乙二人的比畫，帶出說話時，可以運用的誇大詞語，尤其是成語的運用，如：舌燦蓮花、起死回生、口若懸河、天搖地動等都是用來表示人說話技巧、音量時誇大的說法，另外，「好比連珠砲」、「賽過機關槍」等則不是成語，但也具有誇大的效果。最後由「起死回生」的另類解釋，帶出本單元的主題「語不驚人死不休」。

這個段子可配合教學活動一——「超級比一比」，進行聆聽與欣賞。在教學活動二——「語不驚人死不休」中可作為暖身活動，藉以引導小朋友認識誇飾修辭，進而使用。在教學活動三——「吹牛大王」，則可在進行誇飾活動後聆聽，再進行辨別誇飾語句，更可進而自行創作相聲段子。

二、學語文

（一）教學主題說明

　　誇飾修辭也可稱為「誇張法」。是將事物的特徵，用放大或縮小的誇張化描寫，使人對敘述的內容，印象深刻。誇飾修辭可分為空間的誇飾（高聳入雲霄的神木）、時間的誇飾（跑得跟風一樣快）、物象的誇飾（字比螞蟻小）、感受的誇飾（眼淚像水龍頭一樣流個不停），是屬於一種主觀感覺的描述。（參考資料：三民書局，《修辭學》，黃慶萱。）

（二）單元目標

　　能認識誇飾修辭法，並正確使用。

（三）活動目標

　　1.認識誇飾的語句。

　　2.學會運用誇飾修辭法描述心情。

　　3.認識誇飾中「放大」、「縮小」的描寫方式。

（四）學習活動

　　活動一：超級比一比。（適用低年級）

　　活動二：語不驚人死不休。（適用中年級）

　　活動三：吹牛大王。（適用高年級）

（五）學習評量

1.能用誇飾的語句，完成短語。

2.能辨識誇飾法的句子，並用誇飾法造句。

3.能應用誇飾法完成句子。

活動一
超級比一比

◎**適用年級**：低年級。

◎**活動目標**：認識誇飾的語句。

◎**活動準備**：

　1.四張題目卡：比大、比小、比高、比低。

　2.五張句子長條。（參考 Teacher's Notes）

　3.每組白板、白板筆各一。

　4.「超級比一比」學習單每生一張。

　5.相聲 CD。

◎**活動時間**：四十分鐘。

◎**活動內容**：

　1.**暖身遊戲：超級比一比**

　　a.教師先說明遊戲規則：老師先抽出一張題目卡，小組成員

討論出符合題目要求的最佳答案，將答案書寫在白板上。

（例：比大，小組的答案可爲大象、地球、恐龍、宇宙……，

全班一同評選出最大的，計時三十秒）

b.繼續進行下一題，直到四題結束，統計小組得分。

2.語文活動：認識誇飾句

a.辨識誇張句：張貼五張句子長條，找一找哪幾句太誇張，

和事實不符合？

b.認識誇飾法：老師說明在句子中過度誇張的描寫方式就是

誇飾法。

c.大家來聽相聲「語出驚人」，說一說段子裡有什麼地方說

得眞誇張？你曾經聽過哪些很誇張的話？你說過哪些誇張

的話？

3.語文評量

a.發下超級比一比學習單，請大家說一說，弟弟的嘴巴在什

麼情況或時間會張得那麼大？可能比什麼還大？

b.完成學習單，聽一聽誰的答案最誇張？

Teacher's Notes

1.題目卡的題目，教師可根據學生的程度做修正。

2.五張句子長條的參考題目（可參考教學資源庫）：

① 颱風來時，捲起的海浪可以比 101 大樓還高。	（○）
② 小明走路的速度真是慢，連烏龜都可以追上他了。	（○）
③ 今天一整個下午都在打籃球，餓得我都能吃下一整頭牛了！	（○）
④ 妹妹的頭髮非常非常的長。	（×）
⑤ 冰箱的食物很多，把冰箱都塞滿了。	（×）

＊如果來不及準備句子長條也可直接以板書代替。

3.暖身遊戲的每一道題並沒有「絕對」的答案，而是透過小組「相對」的比較後，找出最佳答案。

學習單一　　超級比一比

　　請小朋友仔細的觀察下面的圖片，動動你的頭腦，你覺得他們和什麼東西比時最「誇張」，請把它寫下來。

	弟弟的嘴巴比（　　　　　　　　　）還「大」
	爺爺的光頭比（　　　　　　　　　）還「亮」
	弟弟的身高比（　　　　　　　　　）還「矮」
	101大樓比（　　　　　　　　　）還「高」
	媽媽喝的咖啡比（　　　　　　　　　）還「苦」

學習評量	能用誇飾的語句完成短語。
我的成績	□一級棒 □還不錯 □已做到 □需加油

活動二　語不驚人死不休

◎**適用年級**：中年級。

◎**活動目標**：學會運用誇飾修辭法描述心情。

◎**活動準備**：

　　1.五張心情語詞卡。（例如：高興、緊張、生氣、害怕、傷心）

　　2.「語不驚人死不休」學習單每生一張。

　　3.相聲 CD。

◎**活動時間**：四十分鐘。

◎**活動內容**：

　　1.**暖身遊戲：我是表演高手**

　　　　a.教師提問是否看過戲劇表演？引導學生說出演員的誇大肢
　　　　　體動作是為了讓觀眾更能感受自己所要傳達的訊息。

　　　　b.老師說明遊戲規則：將全班分成五組，各組派一位成員上
　　　　　台，老師從五張心情語詞卡中抽出一張貼在黑板上，台上
　　　　　五位成員同時「表演」出語詞卡的指令，表演最誇張的那
　　　　　一組就可得一分。

　　　　c.完成五張心情語詞卡的表演活動。

2.語文活動：語不驚人死不休

　　a.輪流請獲勝的同學上台重演剛才表演的動作，各組必須
　　　「說出」比這位同學的動作還要誇張的完整句子，說得最
　　　誇張的那組獲勝得分。

　　b.遊戲結束後，統計各組的得分選出優勝者。

　　c.大家來聽相聲「語出驚人」，全班共同討論這段相聲中哪
　　　裡最有趣？哪裡運用到誇飾修辭的技巧？

3.語文評量

　　發下「語不驚人死不休」學習單，舉例說明「厭惡」的心情
　　可以如何用誇飾法來描述，再依照提示完成學習單。

◎延伸活動：

　　發下相聲仿作學習單，讓學生仿作後，再上台表演自己的作
　　品。

Teacher's Notes

1. 肢體動作再怎麼誇大其實是有限的，而語文更能將誇張的程度表現得淋漓盡致。例如「生氣」，誇飾句可造出「我生氣到頭都爆開了」，但表演時，卻不能將自己的頭點上炸藥爆開吧！因此這個遊戲，教師主要是著重學生口語上的表達，要求說的要比做的更誇張。

2. 把幽默風趣的相聲段子融入語文教學，希望學生能從相聲中感受到語言的魅力，尤其是了解相聲中「誇飾法」的技巧，進而學會用「誇飾法」造句。

3. 學生在表演中可能會花費許多時間，為使整個活動流程完整，教師可酌量增減心情語詞卡的數量。

_____年_____班_____號_____

一、下面哪些句子是誇飾句？是的打○，不是的打×。

　　1.（　　）她的食量很小，吃得比麻雀還少。

　　2.（　　）昨晚的風吹落了很多的落葉。

　　3.（　　）在這個人口稀少的地方，一天碰不到半個人影。

　　4.（　　）弟弟餓得連吃了三碗麵。

　　5.（　　）媽媽為弟弟失蹤的事，一夜之間急白了頭髮。

　　6.（　　）他打呼的聲音，傳遍全世界，幾千里外都能聽到。

二、請用誇飾法來描述下面圖片中人物的心情。

	緊張 ➞	為了今天的表演，他已經緊張得一個月都沒睡好。
	➞	
	➞	
	➞	
	➞	

學習評量	能辨識誇飾法的句子，並用誇飾法造句。			
我的成績	☐ 內容有創意	☐ 句子通順	☐ 再用點心	☐ 需加油

活動三

吹牛大王

◎適用年級：高年級。

◎活動目標：認識誇飾中「放大」、「縮小」的描寫方式。

◎活動準備：

　　1.六張詞卡：力氣、聲音、食量、膽子、容量、重量。

　　2.兩張籤： 放大 、 縮小 。

　　3.每組白板、白板筆各一。

　　4.「吹牛大王」學習單每生一張。

　　5.相聲 CD。

◎活動時間：四十分鐘。

◎活動內容：

　　1.暖身活動：聽相聲 CD

　　　a.先讓小朋友聽「語出驚人」相聲 CD，老師分析其中「放大」的誇張描述。

　　　b.說明誇飾修辭除了「放大」的誇張描述外，也有「縮小」的誇張描述。（參考教學資源庫）

　　2.語文活動：吹牛大王

　　　a.老師分配給每一組一張詞卡。

b.每組抽一張籤，抽到「放大」（縮小）籤的那一組要與分配到的詞卡結合。先確定出主題，再依照此主題討論出誇張程度由弱到強的三個「放大」（縮小）描述的句子。

c.討論三分鐘後上台公布句子，符合誇張的句子每個可得一分，句子優美有創意的可特別加分。

d.重複步驟a-c，提示不可有與前次發表過的主題重複。

e.得分最高的那一組榮獲「吹牛大王」的封號。

3.**語文評量**：

發下「吹牛大王」學習單，練習應用誇張法完成句子。

◎**延伸活動**：

發下相聲仿作學習單，讓學生仿作後，再上台表演自己的作品。

Teacher's Notes

1.老師在分析相聲段子時，可說明其中的描述都是屬於誇飾修辭中「放大」的誇張描述。有一般性的——「我說起話來口若『懸河』！」、「我說起話來『滔滔不絕』！」。也有在誇張描述上具遞進效果的——「我這張嘴好比『連珠砲』！」→「我這張嘴賽過『機關槍』！」；「我聲如『洪鐘』！」→「我『如雷』貫耳！」；「我用力一喊，喝！『天搖地動』哇！」→「我輕輕一哼，嘿嘿！『山崩地裂』啦！」

2.誇張修辭除了「放大」的誇張描述，也有「縮小」的誇張描述，例如：「小明走路的速度眞是慢，連烏龜都走得比他快。」、「他說話的聲音很小，比螞蟻說話的聲音還小。」

3.在語文活動競賽前，可提示各組先根據拿到的詞卡類型確定出句子的主題（例：弟弟的力氣……，老師罵人的聲音……，這個杯子……），再做討論。

4.學生如果對於語文活動所要求的誇張程度不同的「放大」句子不了解，可舉例說明，如：腳步 ＋ 放大 → 腳步重

→「他的腳步很重，在三樓都可以聽得到他從樓下走過的聲音。」

→「他的腳步很重，只要他從樓下經過，我們就以爲發生地震了！」

→「他的腳步很重，只要他一走路，樹上的鳥巢就一個個被震下來了！」

5.誇張程度不同的「縮小」句子：字 ＋ 縮小 → 字很小

→「他寫的字比芝麻還要小。」

→「他的字很小，我要用放大鏡，才看得到他寫的字。」

→「他的字寫得很小，比細菌還小，要用顯微鏡才看得到！」

學習單三　　吹牛大王

　　經過了這個活動，你有沒有發現誇飾修辭不但富有趣味性，並且能令人印象深刻，運用得當可以讓文章生色不少，現在就讓我們來發揮吹牛的本事，運用誇飾法完成下列句子。

例句：他寫的字很小， 要用顯微鏡才看得到！

1. 妹妹的頭髮很長，_____

_____

2. 弟弟的脾氣很壞，_____

_____

3. 我的書很多，_____

_____

4. 爸爸很愛唱歌_____

_____

5. 〈　　〉的〈　　〉很〈　〉_____

_____

學習評量	能應用誇飾法完成句子。			
我的成績	□一級棒	□還不錯	□已做到	□需加油

Q1 ：誇飾一定要像相聲段子一樣是放大式的誇張嗎？

A1 ：誇飾包含放大和縮小，老師可以先和小朋友釐清，方便教學
　　　的進行。

Q2 ：「跑地球三圈」這一類利用數字來表示誇大效果的句子是誇
　　　飾句嗎？

A2 ：跑地球三圈當然也是具有誇大的效果，但是如此一來，會造
　　　成學生直接在數字上比大小、比誇張程度，不但不符合本單
　　　元的教學目標，對學生的語文能力也沒有幫助。因此，老師
　　　可以在事先就對學生說明，以避免這種情形發生。不過成語
　　　或慣常誇飾用語如「入木三分」、「三天三夜」等則是例
　　　外，例如：他的優點很多，「三天三夜」都說不完，就是可
　　　接受含數字的誇飾句。

Q3 ：「他餓得可以吃下五個漢堡」這類的句子算不算是誇飾句？

A3 ：通常在判斷時，如果這是可以做得到的，就不能算是誇飾
　　　句，如果這個句子改成「他餓得可以吃下一頭牛」，則可屬
　　　誇飾句。

三、相聲仿作
粉墨登場說相聲

　　小朋友，聽完了這段相聲，你是不是也學會如何利用誇飾修辭來吹牛？比比看，誰是真正的吹牛大王？

甲：我們來進行一場比賽？怎麼樣？

乙：比賽？好呀！怎麼比？

甲：很簡單，我們一人一句，比比看誰能把自己說得比對方厲害！

乙：可以！你說比什麼吧？

甲：就比比看誰的「力氣大」吧！

乙：哼哼，那還用比？一看就知道我力氣比你大！

甲：你力氣大？

乙：嗯！

甲：你力氣有多大？

乙：我可以_____。

甲：那你沒有我的力氣大！

乙：你力氣有多大？

甲：我力氣大到可以_____。

乙：那你不如我，我可以＿＿＿＿＿＿＿＿＿＿＿＿＿＿。

甲：我可以＿＿＿＿＿＿＿＿＿＿＿。

乙：我可以＿＿＿＿＿＿＿＿＿＿。

甲：我可以＿＿＿＿＿＿＿＿＿＿。

乙：還是我力氣大！我雙拳可以＿＿＿＿＿＿＿＿＿＿＿＿＿。

甲：我一掌可以＿＿＿＿＿＿＿＿＿＿＿。

乙：我一腿可以＿＿＿＿＿＿＿＿＿＿＿。

甲：我一腳可以＿＿＿＿＿＿＿＿＿＿＿。

乙：我……我……我用一根腳趾就可以＿＿＿＿＿＿＿＿＿。

　　……

甲：什麼？一根腳趾可以＿＿＿＿＿＿＿＿＿＿＿＿？

乙：是！我看你還拿什麼跟我比？

甲：哎呀！何必這麼麻煩？我只要動一動腳趾上的汗毛！

乙：怎麼樣？

甲：就＿＿＿＿＿＿＿＿＿＿＿＿＿啦！

四、教學資源庫

　　教學資源提供老師教學時參考用，老師也可以在空白處加入自己的答案。

	放大	縮小
空間誇飾	・下了一場大雨，學校的操場變成了一個大游泳池。 ・颱風來時，捲起的海浪可以比 101 大樓還高。 ・他走遍千山萬水，終究覺得故鄉最好。	・他說話的聲音很小，就像螞蟻在說話，沒人聽得見。 ・她的食量很小，吃得比麻雀還少。 ・在這個人口稀少的地方，一天碰不到半個人影。
時間誇飾	・天空有很多星星，就算三天三夜都數不完。 ・他不負眾望跑得跟風一樣快。 ・他跑步來去一陣風，一秒就可以從高雄跑到台北。	・小明走路的速度真是慢，連烏龜都快追上他了。
物象誇飾	・他現在非常渴，一整個游泳池的水都喝得下。 ・他的舌頭很長，連一公尺外的冰淇淋都舔得到。	・他的身材瘦弱，隨時會被風吹倒。 ・原本吵得像菜市場的教室，突然變得鴉雀無聲，因為老師來了。

	放大	縮小
物象誇飾	・叔叔長得很胖，有一次，他剛擠上公車，公車就爆胎。 ・他的力氣非常大，用一隻手就可以把大樹推倒。 ・媽媽為弟弟失蹤的事，一夜之間急白了頭髮。 ・他打呼的聲音，傳遍全世界，幾千里外都能聽到他的聲音。 ・每當媽媽生氣時，她的聲音就快把屋頂給掀了起來。 ・今天一整個下午都在打籃球，餓得我都能吃下一整頭牛了！ ・天氣這麼熱，沒一會兒，就把我晒成人乾了。	・他寫的字小到連一隻螞蟻都比不上。 ・他瘦的兩條腿像竹竿一樣。
感受誇飾	・他中了彩券，快樂得飛上天。 ・被媽媽責罵時，我的心就像有千萬根針扎上心頭般的痛。 ・在她生氣的那一刹那，彷彿一顆醞釀已久的炸彈，轟的爆了開來！	・弟弟膽子很小，只是看到一隻蟑螂，竟然就昏倒了。

	放大	縮小
	・他生氣時，就像一隻獅子怒吼般，真夠嚇人。 ・煮熟的鴨子飛上天。	
其他	血流成河　聲如洪鐘 入木三分　怒髮衝冠 膽大包天　垂涎三尺 力拔山河　度日如年 瞞天過海　刀子嘴豆腐心	膽小如鼠 不堪一擊 骨瘦如柴 不費吹灰之力

語文變聲 show

第 8 章

繪聲繪影
摹寫修辭

一、聽相聲
繪聲繪影

甲：我這個人，從小有一種特殊的天賦！

乙：你有什麼特異功能？

甲：凡是生物——有生命的東西，不管他是動物、植物，我都能透過他們所發出的聲音分析他們的性格、了解他們的內心世界。

乙：是嗎？

甲：你比如說「狗」！

乙：狗？

甲：牠雖然不說人話，卻懂得利用叫聲來提醒記性差的主人，別丟三落四、忘東忘西！

乙：何以見得？

甲：主人一出門，你聽那狗叫聲：「別……忘！別……忘！」（摹仿狗叫）

乙：別忘啊？

甲：是啊！還有，所有動物中，你知道誰最吝嗇？

乙：最吝嗇？不知道！誰呀？

甲：「羊」啊！

乙：是嗎？羊怎麼最吝嗇呢？

甲：你要剪點兒羊毛，你聽牠那叫聲！

乙：怎麼叫？

甲：「沒──！」（摹仿羊叫）

乙：沒呀？

甲：「沒──！」（摹仿羊叫）

乙：唉！

甲：要什麼都沒！

乙：要照你這樣說，還有一種動物跟羊一樣吝嗇！

甲：哦？哪種動物？

乙：牛！

甲：牛？

乙：嗯！不信！你跟牠擠點兒牛奶！

甲：牠怎麼說？

乙：「哞……」（摹仿牛叫）

甲：台語啊？

乙：嘿嘿！

甲：不錯！你很有潛力！動物語言一學就會！

乙：這算什麼！不就是摹擬牠們的聲音，誇張後加以解釋嗎？

甲：好！既然你這麼厲害！那你說說，哪一種動物最好吃懶做？

乙：好吃懶做？那是豬啊！

甲：你看！不對了吧！你學得還不夠徹底呀！

乙：不是豬？那是什麼？

甲：貓呀！

乙：貓？為什麼是貓？

甲：不信？你叫貓做點事！

乙：貓哇？「去！撿毛線去！」

甲：「不要——」（摹仿貓叫）

乙：不要啊？「去！撿拖鞋去！」

甲：「不要——」（摹仿貓叫）

乙：「去！去！」

甲：「不要！不要！」（摹仿貓叫）

乙：「吃魚去！」

甲：「不——」

乙：不要？

甲：「要！要！要！」（摹仿貓叫）

乙：這就改要啦！

甲：今年寒假，我發現我這種能力大有長進，連無生物所發出的
　　聲音都能聽懂！

乙：無生物——沒有生命的東西啊？這可玄啦！你再舉個例子？

甲：放寒假我陪阿公返鄉過年，過完年要開學啦，阿公載我趕火
　　車回家，他騎摩托車沿鐵軌抄小路，就看那火車要進站了！
　　我就聽我們那摩托車一路追著喊啊！

乙：摩托車追著喊？喊什麼？

甲：「等等等等等等！」（摹仿車聲）

乙：等等啊！

甲：「等等等等等等！」（摹仿車聲）

乙：這是摩托車喊出來的？

甲：這是碎石子路震出來的！反正跟喊也差不多了！等我們停好車，飛奔上月台，一看，唉呀！太幸運了！火車還在那兒等著呢！

乙：好嘛！這火車還真等你們？

甲：它一看我們來了，激動地說了這麼一句話！

乙：說什麼？

甲：「嗚──通通！回不去了！回不去了！回不去了！」（摹仿火車聲）

乙：什麼？回不去了？噢！開走了啊！

相聲放大鏡

　　這個段子是藉由「摹聲詞」來模擬動物與其他物品發出的聲音，透過「諧音」的特性來製造出笑點，例如把羊的「咩」聲想像出「沒」字，段子中還結合「台語」發音，把牛的「哞」聲聯想成台語的「沒」。

　　這種透過聲音仿寫的「摹聲法」也是「摹寫」修辭法的一種，所以教師在進行教學時，可以視教學內容的不同，彈性的安排這個相聲段子，在進行學習活動一──「聽誰在說話」的聽覺摹寫教學時，可以此段子作為暖身；在進行學習活動二──「瞎子摸象」時則可作為教學活動結束之後的綜合活動；若進行學習活動三──「繪聲繪影」時，也可以此段子作為教學結束後的延伸教學。

二、學語文

（一）教學主題說明

　　摹寫修辭法是指對周遭人、事、物、景的各種感覺，透過聽覺、嗅覺、味覺、觸覺、視覺等感官進行描述。這種透過感覺描寫成文字的敘寫方法，表現出的事物都比較具體、鮮明，容易引起共鳴。

（二）單元目標

　　認識摹寫修辭法。

（三）活動目標

　　1.認識摹聲詞。

　　2.認識摹觸、摹嗅及摹味修辭。

　　3.認識並運用摹視、摹聲修辭。

（四）學習活動

　　活動一：聽誰在說話。（適用低年級）

　　活動二：瞎子摸象。（適用中年級）

　　活動三：繪聲繪影。（適用高年級）

（五）學習評量

1. 能運用摹聲詞描述聲音並造句。

2. 能運用觸覺、嗅覺、味覺等感官來練習摹寫。

3. 能運用視覺、聽覺的摹寫法進行創作。

活動一

聽誰在說話

◎**適用年級**：低年級。

◎**活動目標**：認識摹聲詞。

◎**活動準備**：

1. 每組白板、白板筆各一。

2. 每組長條紙一張。

3. 聲音來源的圖片十張。（見光碟）

4. 摹聲詞卡十張：吱吱喳喳、呼呼／咻咻、淅瀝淅瀝／嘩啦嘩啦、轟隆隆、哞哞、汪汪、嘓嘓、叭叭叭、哈啾、撲通撲通。

5. 「聽誰在說話」學習單每生一張。

6. 聲音 CD。

7. 相聲 CD。

◎活動時間：四十分鐘。

◎活動內容：

1.暖身活動：聽誰在說話

請學生閉上眼睛，用心聆聽教室內有哪些聲音，再請學生發表。

2.語文活動一

a.老師播放聲音 CD，播放完畢後，各組在白板上寫下剛剛聽到哪些聲音。

b.教師在黑板上貼上十張摹聲詞卡，再重新播放聲音 CD。

c.先播放一種聲音，問學生這是什麼的聲音，學生答出正確答案後，教師隨即貼上正確的聲音來源的圖片，並要求學生將這聲音說出來。

d.同時找出黑板上相對應的摹聲詞卡，將此詞卡貼在該圖片的下方。十種聲音核對完成後，評選出獲勝的小組。

3.語文活動二

a.各組分派黑板上其中一張圖卡及摹聲詞卡，請各組在長條

紙上寫出完整的句子。例如：圖卡「小蟲」＋「唧唧唧」
→草地裡的小蟲，唧唧唧地唱著快樂的歌。寫完後張貼在
黑板上，教師再根據各組回答的好壞給予獎勵。

　　b.聽相聲 CD，說一說段子裡說到哪些摹聲詞。

4.語文評量

發下「聽誰在說話」學習單，先連上正確的摹聲詞並運用
「摹聲詞」造句。

Teacher's Notes

1. 圖卡對應摹聲詞卡的活動，一個圖卡可能有多種摹聲詞，若有學生能說出其他摹聲詞，教師應給予鼓勵。

2. 學生除能運用「摹聲詞」描繪聲音之外，還要學會運用到句子，才算了解到摹聲修辭的技巧。

3. 日常生活常用的摹聲詞：

聲音來源	摹聲詞	聲音來源	摹聲詞
鳥	吱吱喳喳	風	呼呼 咻咻
小雞	啾啾啾	雨	淅瀝淅瀝 嘩啦嘩啦
母雞	咕咕咕	打雷	轟隆隆
牛	哞哞	時鐘	滴答滴答
羊	咩咩	電鈴	叮咚叮咚
狗	汪汪	汽車喇叭	叭叭叭
貓	喵喵 喵嗚喵嗚	打噴嚏	哈啾
青蛙	嘓嘓	心跳	撲通撲通

_____年_____班_____號_____

一、小朋友，請把正確的聲音連起來。

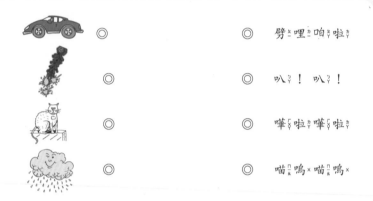

◎　　　　◎　劈哩啪啦

◎　　　　◎　叭！叭！

◎　　　　◎　嘩啦嘩啦

◎　　　　◎　喵嗚喵嗚

二、利用「摹聲詞」來造句！

例如：青蛙「撲通！撲通！」的跳下水。

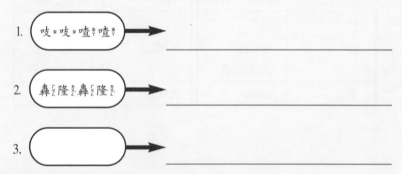

1. 吱吱喳喳 ➡ _____

2. 轟隆轟隆 ➡ _____

3. （　　　）➡ _____

學習評量	能運用摹聲詞描述聲音，並造句。
我的成績	□一級棒 □還不錯 □已做到 □需加油

活動二
瞎子摸象

◎**適用年級**：中年級。

◎**活動目標**：認識摹觸、摹嗅及摹味修辭。

◎**活動準備**：

　　1.神祕箱。

　　2.五或六種物品。（如：冰塊、樹枝、手錶、口香糖、苦瓜、
　　　果凍、小汽車、球、梳子、遙控器、光碟……）

　　3.三張詞卡：`觸覺`、`嗅覺`、`味覺`。

　　4.每組白板、白板筆各一。

　　5.「瞎子摸象」學習單每生一張。

　　6.相聲 CD。

◎**活動時間**：四十分鐘。

◎**活動內容**：

　　1.**暖身活動：瞎子摸象**

　　　a.將 `觸覺`、`嗅覺`、`味覺` 詞卡張貼在黑板，提示這是活動進
　　　　行中口語表達的三個向度。

　　　b.各組派一位代表，代表人戴上眼罩，將手伸進神祕袋中觸
　　　　摸物品，具體說出觸覺，也可就自己對此物品曾有的印

象，說出其對此物品嗅覺、味覺的經驗。

c.各組同學從他的描述中搜尋線索，先在心中判斷可能的物品為何，在一分鐘內，就觸覺、嗅覺、味覺三個向度來提問，以確定自己的答案是否正確，並將猜測的答案寫在白板上。

d.時間到若沒有人猜出，則請代表人看一次袋中物品，確定物品為何後，依舊由觸覺、嗅覺、味覺三個向度來表達。

e.再經過一分鐘，若依然沒有人猜出，則公布答案，由台下同學討論可以如何表達，讓別人知道此物品為何。

f.重複 b-e 步驟，活動結束後選出獲勝小組。

2.語文活動

a.說明暖身活動運用觸覺、嗅覺、味覺來描述物品特質的方法，是屬於摹寫修辭法。

b.挑出暖身活動中學生最有興趣的兩件物品，鼓勵學生使用完整的句子進行摹寫。

c.聽相聲 CD，討論其中運用聽覺的摹寫所產生的趣味。

d.簡述除了觸覺、嗅覺、味覺之外，還有運用聽覺、視覺的摹寫法。

3. 語文評量

發下「瞎子摸象」學習單，練習運用觸覺、嗅覺、味覺等感官來摹寫。

◎延伸活動：

發下相聲仿作學習單，讓學生仿作後，再上台表演自己的作品。

Teacher's Notes

1. 如果沒有合適的神祕箱，可以事先將活動要用的物品分別放置在不同的購物紙袋中，袋口用小夾子夾一下，以免學生看到袋內的物品。

2. 老師準備的物品最好是不同類別的（例：零食、文具、玩具、水果……），讓學生能由遊戲中豐富摹寫法的詞彙。

3. 選用冰塊、果凍時，要先放在一個小塑膠袋裡，以免滲出水來弄髒了袋子。

4. 為節省暖身活動進行的時間，可以在前一個代表人上台發表時。讓下一位代表人抽一個神祕袋，先觸摸物品，思考如何表達。

5. 「瞎子摸象」學習單的設計，是希望學生能用完整的摹寫句子來表達，但是如果學生的程度無法達成，也不必勉強，只要能描寫出物品的特色即可。

學習單二　　瞎子摸象

_____ 年_____班_____號_____

　　請找出身邊兩件物品。先閉上眼睛，用觸摸的方法來描述，再睜開眼仔細聞一聞、或是嘗一嘗，並將你感受到的感覺寫成句子，再畫出它的樣子。　（例：它滑溜溜的，讓人很難抓得住。）

物品名稱： 描述觸覺的句子： 描述味覺或嗅覺的句子： 其他的感官感覺補充的句子：	畫出物品的樣子
物品名稱： 描述觸覺的句子： 描述味覺或嗅覺的句子： 其他的感官感覺補充的句子：	畫出物品的樣子

學習評量	能運用觸覺、嗅覺、味覺等感官來練習摹寫。			
我的成績	□一級棒	□還不錯	□已做到	□需加油

活動三

繪聲繪影

◎**適用年級：**高年級。

◎**活動目標：**認識並運用摹視、摹聲修辭。

◎**活動準備：**

　1.計時器。

　2.幾何圖畫兩張、有背景的人物圖畫一張。

　3.每組四開圖畫紙、著色用具各一。

　4.A4 白紙每生一張。

　5.「繪聲繪影」學習單每生一張。

　6.相聲 CD。

◎**活動時間：**四十分鐘。

◎**活動內容：**

　1.**暖身活動**

　　a.老師張貼一張幾何圖形組成的圖畫，讓學生討論上面有什麼形狀、顏色及於圖畫中的位置。

　　b.老師說出另一張幾何圖畫的特徵，但不公開。讓每個學生在 A4 白紙上畫出老師所描述的圖形，再和老師的圖畫作比對，找出和老師最接近的。檢討為什麼老師一樣的說

法，大家畫出來的會不一樣，怎麼說會讓大家更為清楚。

2.語文活動

a.每一組派一位善於描述的學生上台，這幾人先觀察老師事先準備好有背景的人物圖畫，再輪流說出看到的特徵，各組成員合作在圖畫紙上盡力畫出相符的人物。

b.直到台上所有人都說不出圖畫中的特徵為止，各組再利用二分鐘，做最後的修飾。

c.老師先公布人物圖畫，各組再將作品貼在黑板，由老師及全班同學共同評論最接近的圖畫獲勝。

d.老師協助學生歸納摹寫法中的視覺可以表現出顏色、形狀、景物等，寫時要具體才能讓看的人和寫的人距離拉近。

e.討論摹寫法除了可以從視覺外，也可以從聽覺、味覺、嗅覺、觸覺等進行摹寫。

3.語文評量

老師發下「繪聲繪影」學習單，請小朋友將圖完成，並依據所繪進行摹寫練習。

◎延伸活動：

a.聽相聲 CD。

b.發下相聲仿作學習單，讓學生仿作後，再上台表演自己的作品。

Teacher's Notes

1. 高年級學生的學習活動除了玩之外，更重要的是後面的歸納活動，老師可視學生的程度，讓他們自己歸納出好的結論。

2. 圖片的呈現需由簡單到複雜，讓學生先練習簡單的幾何，再進入困難的景物。

3. 圖片的選取可以從網路上、課本、書籍等找出。

學習單三　繪聲繪影

　　小朋友，請你先將下面這張圖完成，並著上顏色後，再根據這張圖以摹寫法完成50-100個字的短文。（不限於視覺，你也可以畫一隻鳥，寫出聲音。）

在一個（　　　　）的夜晚……

＿＿＿＿＿＿＿＿＿＿＿＿＿＿＿＿＿＿＿＿＿＿＿＿＿＿＿＿

＿＿＿＿＿＿＿＿＿＿＿＿＿＿＿＿＿＿＿＿＿＿＿＿＿＿＿＿

＿＿＿＿＿＿＿＿＿＿＿＿＿＿＿＿＿＿＿＿＿＿＿＿＿＿＿＿

學習評量	能運用視覺、聽覺的摹寫法進行創作。			
我的成績	□一級棒	□還不錯	□已做到	□需加油

教學現場 Q & A

Q1 ：摹聲詞的寫法是否有規則性，如「嘩啦嘩啦」、「啾啾啾」、「咻！咻！」？

A1 ：摹聲詞在字數與次數上並無特別的規定，但有約定俗成的情況，例如：「叭叭」，一般習慣上使用兩個字；「啾啾啾」重複兩次或三次皆無妨，其重點在於摹聲而不在字數。

Q 2 ：學生在習寫摹寫修辭法的學習單時，一定需要限制只能使用該活動中介紹的感官觀察進行描寫嗎？

A 2 ：一般人在進行觀察時，通常都是同時運用多種感官，所以無需特別強調使用哪一種感官，重點在於如何將自己觀察的結果具體的表現出來。

Q 3 ：有部分學生在摹視時會以譬喻的方式，如像風一樣、像蝸牛等方式來形容一個具螺旋的圖形，這樣是合適的摹寫修辭嗎？

A 3 ：遇到這種狀況時，可以跟學生討論，以這樣的說法，聽到的人可不可以畫出相同的圖形？再讓小朋友知道譬喻可以讓文章生動，但是沒有辦法很精確的聯想出同樣的情景。如果以摹視再加上譬喻來描述，不但會讓文章生動，也可以讓讀者的想像更貼近原貌。

三、相聲仿作
粉墨登場說相聲

　　小朋友，聽完了這一段相聲，你是不是對「摹聲法」有更深刻的印象呢？請你仔細的觀察，聽一聽身邊所發出的各種聲音，可以用什麼摹聲詞寫下來？這些摹聲詞聽起來和什麼字詞很相近呢？動動腦寫下來，你也能想出一段有趣的段子喔！

甲：聽說你有一種特殊的天賦？

乙：我有什麼特異功能？

甲：任何聲響，只要人模仿得出來，你便能猜出那是由什麼東西所發出來的聲音。

乙：對！我確實有這專長！而且不是自誇，我幾乎是百猜百中！

甲：比如，你聽：「喵——」！

乙：不用說，這是貓叫！

甲：對！「汪！汪！汪！」

乙：這是狗叫！

甲：「咩！」

乙：這是羊叫！

甲：「滴答！滴答！滴答！」

語文變聲 show

乙：這是＿＿＿＿＿＿＿＿＿＿＿＿＿＿。

甲：不對！你聽清楚：「滴答！滴答！滴答！」

乙：是＿＿＿＿＿＿＿＿＿＿＿＿？

甲：不對！「滴答！滴答！滴答！」

乙：是＿＿＿＿＿＿＿＿＿＿＿＿？

甲：不對！

乙：還不對？

甲：猜不到了吧！

乙：那是什麼聲音？

甲：告訴你！是我水龍頭沒關緊，漏水啦！「滴答！滴答！滴
    答！」

乙：嘻！

四、教學資源庫

教學資源提供老師教學時參考用，老師也可以在空白處加入自己的答案

感官	摹寫句子
嗅覺	・牛肉麵的香味從廚房傳過來，讓肚子正餓的我口水直流。 ・花園裡的桂花傳來了一陣陣的清香。 ・我從垃圾車旁走過，臭味撲鼻，真令人難受。 ・我不敢吃魚，一聞到魚腥味就想吐。
味覺	・香香濃濃的鮮奶，喝起來真是美味極了。 ・小小的綠色葡萄，吃起來酸酸甜甜的。 ・弟弟感冒了，吃著很苦的藥，都快哭出來了。 ・辣辣的牛肉麵，是我的最愛。 ・我最愛吃芒果了，那酸酸甜甜的味道，令人回味無窮。 ・苦澀的淚水從眼眶中滑下雙頰，讓滿腹委屈的她更是心酸。
觸覺	・冷風一陣陣的吹來，刺痛了臉頰，讓我不禁打了一個寒顫。 ・香皂滑溜溜的，讓人想抓都抓不穩。 ・炎熱的太陽，照得人滿身汗，全身黏黏的，真難受。 ・捉在手裡的泥鰍，有一股滑滑、黏黏的感覺，想握卻握不住。 ・當刀子不小心的劃過我的手指頭，一股透徹心扉的刺痛，從指間傳來，讓我不禁叫了一聲「痛呀！」 ・油膩膩的碗盤猶如一隻抓不住的泥鰍，從我手中滑了下去。 ・手上的螃蟹趁我沒防備時，張開牠的大鉗子，一下子夾住我的手指，疼得我眼淚止不住的往下流。

語文變聲 show

感官	摹寫句子
視覺	·妹妹有黑黑的頭髮，紅紅的臉頰，樣子真可愛。 ·三明治裡面夾著黃色的荷包蛋、綠色的小黃瓜、紅色的番茄，真是色香味俱全，令人食指大動。 ·陽光照在荷葉上，把荷葉上的露珠映成了一粒粒亮晶晶的珍珠。 ·穿上爸爸的破襯衫，圍上媽媽的舊圍裙，戴上撿來的爛氈帽，你是我家田裡的稻草人。〈向明——稻草人〉 ·餐桌上的水果盤，盛著一顆顆紫色的葡萄。 ·凶暴的四川龍有細長的脖子，還張著血盆大口，樣子真嚇人。 ·一道道駭人的閃電，把整個夜空都照亮了。 ·爸爸點起了一根菸，只見白白的煙，瞬時瀰漫了整個房間。
聽覺	·池塘邊傳來「嘓！嘓！嘓！」，原來是青蛙們正在展開歌喉大合唱呀！ ·窗外的風，吹得樹葉發出了「沙！沙！沙！」的呻吟聲。 ·風鈴叮叮噹噹的吟唱著悅耳的歌曲。 ·「咕咕！咕咕」牆上的咕咕鐘突然叫了起來。 ·烏雲密布的天空裡，傳來一聲聲「轟隆！轟隆！」的雷聲，嚇得妹妹趕緊躲在被窩中。 ·哥哥拿起石頭往水面上一丟，只聽見「噗通」一聲，水面泛起了一朵朵的水花。 ·老榕樹的枝幹上聚集很多小鳥，「嘰嘰喳喳」的叫聲此起彼落著。 ·只聽「砰」的一聲，整扇大門被風颳了進來。

國家圖書館出版品預行編目資料

語文變聲show：快樂聽相聲，輕鬆學語文／葉怡均，
台北市萬興國小ART創意教學團隊著．
　--初版．--台北市：幼獅，2007【民96】
　　面；　公分．--（新High師生手冊；13）

　ISBN 978-957-574-671-1（平裝）
　1.中國語言-教學法　2.相聲　3.小學教育-教學法

　523.31　　　　　　　　　　　　96008989

新High師生手冊13

語文變聲show：快樂聽相聲，輕鬆學語文

策　　　畫＝台北曲藝團
作　　　者＝葉怡均、台北市萬興國小ART創意教學團隊
繪　　　者＝曲曲
出 版 者＝幼獅文化事業股份有限公司
發 行 人＝李鍾桂
總 經 理＝王華金
總 編 輯＝劉淑華
主　　　編＝林泊瑜
編　　　輯＝周雅娣
美術編輯＝裴蕙琴
總 公 司＝10045台北市重慶南路1段66-1號3樓
電　　　話＝(02)2311-2836
傳　　　真＝(02)2311-5368
郵政劃撥＝00033368

門市：
●松江展示中心：10422台北市松江路219號
　電話：(02)2502-5858轉734　傳真：(02)2503-6601
●苗栗育達店：36143苗栗縣造橋鄉談文村學府路168號（育達商業科技大學內）
　電話：(037)652-191　傳真：(037)652-251

印　　　刷＝欣佑彩色印刷股份有限公司
定　　　價＝300元
港　　　幣＝100元
初　　　版＝2007.07
四　　　刷＝2013.09
書　　　號＝988131

幼獅樂讀網
http://www.youth.com.tw
e-mail:customer@youth.com.tw